HEYNE‹

ALICE SCHWARZER

DIE ANTWORT

WILHELM HEYNE VERLAG
MÜNCHEN

Taschenbucherstausgabe 10/2008

Copyright © 2007 by Verlag Kiepenheuer & Witsch, Köln
Der Wilhelm Heyne Verlag, München,
ist ein Verlag der Verlagsgruppe Random House GmbH
www.heyne.de
Printed in Germany 2008
Umschlaggestaltung: Hauptmann & Kompanie, München – Zürich
nach einem Entwurf von Barbara Thoben, Köln
Satz: C. Schaber Datentechnik, Wels
Druck und Bindung: GGP Media GmbH, Pößneck

ISBN 978-3-453-60078-2

Inhalt

1

Einleitung

Die deutsche Kanzlerin ist zu Besuch in den Golfstaaten. Ich sehe Angela Merkel kurz, ganz kurz in der *Tagesschau* auftauchen. Da steht sie in ihrem festen Schuhwerk und dem schwarzen Anzug und reicht den Scheichs selbstbewusst die Hand – die diese, bei der von ihnen sonst praktizierten dogmatischen Auslegung des Islams, eigentlich gar nicht hätten ergreifen dürfen. Schon die Berührung einer weiblichen Hand gilt schließlich für Schriftgläubige als haram, als Sünde. Doch in diesem Falle ... Es scheint eben immer alles eine Frage der Macht. Ein weiblicher Staatschef gilt in islamischen Staaten, so war zu erfahren, protokollarisch nicht als Frau, sondern als »Neutrum«.

Unweit der Staatschefin aus dem Westen steht mit aufmerksamem Blick eine Ministerin, eine von zweien in den als relativ »frauenfreundlich« geltenden Emiraten. Wirtschaftsministerin Lubna bint Khalid Al Qasimi ist sichtlich euphorisiert von dieser Demonstration weiblicher Souveränität und hat ihr Kopftuch schon mal ein paar Zentimeter nach hinten gleiten lassen. Was für ein Bild! Ob es die Herzen der Frauen in den islamischen Ländern wohl höher schlagen lässt? Aus Verwirrung – oder aus Sehnsucht?

Wie anders sah das noch vor ein paar Jahren aus beim Besuch des deutschen Kanzlers in demselben Land. Die ihn begleitenden Wirtschaftsbosse unterschieden sich immerhin qua nicht vorhandener Kopfbedeckung von den Ölscheichs, doch die einzige im Kanzlertross mitgereiste Politikerin noch nicht einmal dadurch. Die Grüne Antje Vollmer, damals noch Vizebundestagspräsidentin, hatte sich in vorauseilender Demut »landesüblich« verschleiert. Auch diese Bilder gingen um die Welt.

Was wohl die Frauen in den von Islamisten beherrschten beziehungsweise tyrannisierten Ländern dabei empfunden haben mögen? Haben sie es als Zeichen der Solidarität gesehen – und so gelächelt wie auf meiner Reise durchs Niltal, wo ich aus Respekt für die Frauen lange Ärmel trug und einen leichten Wüstenschleier über das Haar gelegt hatte? (Eine Geste, die mir übrigens auf den Märkten viele freundliche Blicke eintrug.)

Doch war das etwas anderes als so ein offizieller Staatsbesuch, bei dem es, ob Frau oder Mann, darum gehen muss, sich in bestimmten Funktionen auf Augenhöhe zu begegnen. Gewitzte Politiker machen aus solchen Auftritten schon lange Demonstrationen ihrer Interessen und »Identität«. So wie Gaddafi 2004 auf dem Afrika-Gipfel, wo er in einem mit Porträts der afrikanischen Freiheitskämpfer bedruckten Hemd unter dem Burnus überraschte, von Lumumba bis Mandela; oder die voll verhüllte Emine Erdoğan, die Frau des türkischen Ministerpräsidenten, im islamistischen Kopftuch und Mantel – woraufhin Frau Erdoğan übrigens in Frankreich 2004 die Einreise zu einem Staatsbesuch an der Seite ihres Ehemannes verweigert worden war. Das katholische Land hält seine laizistischen Prinzipien hoch.

Was aber hätte eine Frau aus dem Westen zu Beginn des 21. Jahrhunderts bei einer solchen Gelegenheit zu demonstrieren? Welches Zeichen geben in einem Land, in dem der Schleier für Frauen nicht nur reale Körperbehinderung, sondern auch symbolischer Ausdruck ihres »Andersseins« ist? Die

Antwort auf diese Frage scheint für manche WestlerInnen nicht eindeutig. Verstehen sie weniger von Symbolik? Scheint ihnen das alles so weit entfernt, dass sie sich noch nicht einmal mehr hineinversetzen können? Oder wissen so manche selbst nicht um ihre spezifischen Werte – und daher auch nicht, welches Signal sie bei einer solchen Gelegenheit geben könnten? Der Kanzlerinnen-Anzug jedenfalls schien Ministerin Khalid al Qasimi außerordentlich zu behagen.

Die mangelnde Sensibilisierung vieler WestlerInnen angesichts der Entwertung der Frauen durch den politisierten Islam zeigt, wie lange wir auch in unserem eigenen Land weggeguckt haben – und wie kurz das kollektive Gedächtnis ist. Denn es ist kein halbes Jahrhundert her, da herrschten bei uns noch ganz ähnliche Verhältnisse. Die stellten sich zwar nach außen hin nicht ganz so krass dar, waren jedoch nach innen durchaus vergleichbar, bis hin zur damals noch legitimen Gewalt gegen Frauen, die ja auch im Westen kein individueller Ausrutscher ist, sondern System hat: vom Kindesmissbrauch über die Vergewaltigung bis hin zum Frauenmord aus »verletzter Männerehre« (dem christlichen Pendant zur muslimischen »gekränkten Männerehre«).

Wenig Grund also, die noch so junge Emanzipation der Frauen in unserer Hemisphäre für selbstverständlich oder gar für gesichert zu halten. Schließlich ist alles sehr schnell gegangen, für so manche zu schnell. Innerhalb von nur 50 Jahren – ein Wimpernschlag in der Geschichte! – wurden 5000 Jahre verbrieftes Patriarchat gestürzt, zumindest auf dem Papier. Erstmals in der Geschichte sind wir Frauen im Westen heute uneingeschränkt gleichberechtigt. Das war die unblutigste und größte soziale Revolution der letzten Jahrhunderte.

Und gerade setzt die Emanzipation zum zweiten Sprung an: Nach der Revolution in den Köpfen und der Reform der Gesetze soll nun die gelebte Gleichberechtigung der Geschlechter strukturell verankert werden, in Familie wie Gesellschaft. Prompt verschärft sich der Gegenwind, der sich zwischenzeitlich gelegt zu haben schien.

Im Frühling 2007 brach in Deutschland erneut der Kulturkampf aus. Ausgelöst ausgerechnet von einer konservativen Familienministerin. Ironie, aber auch Logik der Geschichte. Denn die Gleichberechtigung der Geschlechter ist schon lange keine Frage von rechts oder links mehr, ja, sie war es in Wahrheit nie. 35 Jahre nach Aufbruch der Neuen Frauenbewegung und 17 Jahre nach der deutsch-deutschen Wiedervereinigung rütteln die Töchter der Emanzipation am halb offenen Tor zur Welt: Sie wollen nicht länger nur »die Hälfte des Himmels« (die ihnen einst Mao versprach), sondern auch die Hälfte der Welt.

Ursula von der Leyen, 48, Tochter einer Journalistin, die zu ihrem späteren Bedauern den Beruf für die Familie aufgegeben hatte; Schülerin in einer Ganztagsschule in Brüssel; Mutter von sieben Kindern, Ärztin und berufstätige Familienfrau in Amerika; diese Frau kann nicht einsehen, warum ausgerechnet und ausschließlich die deutschen Frauen weiterhin wählen sollen zwischen Beruf und Familie.

Ihre ganz persönliche Antwort auf die Verhältnisse im Land der »Rabenmütter« gaben die deutschen Frauen in Wahrheit schon Anfang der 70er-Jahre – und nicht zufällig mit Beginn der Frauenbewegung. Erst seit 2006 ist der Geburtenrückgang in Deutschland ein heißes Thema. Das ist verwunderlich. Denn der Rückgang hat nicht etwa gerade, sondern schon vor über 30 Jahren stattgefunden: In den Jahren zwischen 1970 und 1975 stürzte die deutsche Kinderstatistik von 2,5 auf 1,5 Kind pro Frau. Das heißt: Auf den Punkt mit Aufbruch der Frauenbewegung, gestützt von der seit den 60er-Jahren verfügbaren Antibabypille. Seither sackte die Geburtenrate noch mal leicht, auf 1,3 im statistischen Durchschnitt. 30 Jahre lang war der Geburtenrückgang kein Thema – doch plötzlich ist er eines. Warum? Wegen der fehlenden Kinder? Ich behaupte: Nein! Denn dann hätte der Staat sich schon viel früher etwas einfallen lassen können. Ich meine, dass die Demografie-Debatte weniger die Kinder und eher die Frauen im Visier hat: Frauen sollen wieder Mütter sein und bleiben, zum Wohle aller. Doch wie man im 21. Jahrhundert wirklich konstruktive Bedingungen für mehr Kinder schafft, das zeigten nicht die klagenden Politiker, sondern das zeigt jetzt eine tatendurstige Mutter von sieben Kindern. Und die muss es ja wissen.

Gleich im ersten Amtsjahr kappte Ministerin von der Leyen resolut die Frauenfalle von drei Jahren Elternzeit auf zwölf Monate plus zwei Vätermonate, garniert mit dem attraktiven »Lohnersatz«. Was die Gemüter sehr erregte, der Regierungssprecher sprach gar von einer »kopernikanischen Wende« in der Familienpolitik. Kaum war das durch, löste die Familienministerin mit dem überfälligen Anliegen, in Bälde einen Krippenplatz für wenigstens schon mal jedes dritte Kind zur Verfügung stellen zu können – statt wie bisher im Westen nur für jedes zwanzigste –, einen Sturm der Entrüstung aus.

Doch bei wem? Sicher, der Augsburger Bischof Mixa sah eine albtraumartige Verschwörung von Feminismus & Marxismus am Werke, die die »jungen Frauen als Arbeitskräftereserve für die Industrie rekrutieren« und zu »Gebärmaschinen« degradieren wolle. Und auch die späte Mutter vom Dienst, Eva Herman, 48, verbat sich in höchsten Tönen mehr Krippenplätze (die sie ja auch nie nötig hatte). Doch 87 Prozent aller Deutschen wünschen sich selbstverständlich mehr Plätze für die unter Dreijährigen (*Spiegel*-Umfrage). Und jede zweite berufstätige Mutter wünscht sich die Hilfe des Vaters dazu, nämlich dass »beide Partner das Kind im ersten Lebensjahr betreuen«.

Wir haben es bei den WarnerInnen vor dem Untergang des Abendlandes hier also mit einer aussterbenden Minderheit zu tun, die sich aus Lebensferne (à la Mixa) oder welchen Motiven auch immer an ein aussterbendes Familienmodell klammert: Vater in der Welt, Muttern zu Hause, Kind an Mutters Rockzipfel. Dennoch hat diese Minderheit eine erstaunlich starke Lobby. Und da sie nicht im Namen der Lebensrealität argumentieren kann, beschwört sie die guten alten Zeiten im Namen von Mutter Natur. Die Mutter sei unersetzbar, heißt es, zumindest in den ersten drei Lebensjahren (vor zwanzig Jahren waren es noch die ersten sechs Jahre). Denn Mütter hätten nun mal eine ganz andere Bindung zum Kind als Väter; auch sei die angeborene weibliche Fürsorge und Empathiefähigkeit dem schon von Natur aus bindungsschwachen, aggressiven Manne eher fremd. Ganz schön männerfeindlich, eigentlich.

Doch worum geht es hier wirklich? Es geht, wie es im akademischen Diskurs heißt, um Rekonstruktion von Weiblichkeit (und Männlichkeit); um das Wieder-Festzurren der ideologischen Geschlechterrolle für Frauen, deren Kern die »Mütterlichkeit« ist. Es geht keineswegs nur um die Versorgung kleiner Kinder oder gar das »Kindeswohl«. Nein, es geht um die Verknüpfung von Frauen mit Mütterlichkeit, zum Nutzen von Männern und Kindern. Diese in der Tat so sympathischen wie nützlichen Fähigkeiten, wie Einfühlungsvermögen und Fürsorge, sollen unlösbar mit den Frauen verbunden bleiben – und die Männer weiterhin von diesen so arbeitsaufwendigen und unentlohnten Tätigkeiten entlastet sein. Aufmüpfigen, die sich nicht länger einschließen lassen wollen im Mutterkäfig, droht Exkommunizierung beziehungsweise Absprache der »Weiblichkeit« – worauf Frauen auch im 21. Jahrhundert noch empfindsam reagieren.

Wortführer im Backlash gegen die Gleichberechtigung der Geschlechter sind die biologistischen und religiösen Fundamentalisten. Die biologistischen Argumente im Namen der Natur oder die pseudoreligiösen im Namen Gottes beziehungsweise des Propheten sind nur zwei Seiten ein und derselben Medaille. Beide bestehen auf einem angeborenen Geschlechtscharakter, aus dem eine unterschiedliche gesellschaftliche Rolle verbindlich abgeleitet werden muss; dabei wird den Männern der eine, der definitionsmächtige, den Frauen der »andere«, der definierte Part zugewiesen.

Die Argumente von der gottgegebenen Überlegenheit des Mannes fallen auf fruchtbaren Boden, im Orient wie Okzident. Denn nach dem Verlust des Glaubens an Götter wie Ideologien und in Zeiten der Globalisierung sehnen viele Menschen sich nach Halt, nach eindeutigen Hierarchien und Gewissheiten – vor allem die, deren Privilegien gerade erschüttert werden: die Männer. Und diese Gewissheiten liefern die Schriftgläubigen mit Verweis auf Bibel beziehungsweise Koran ebenso wie die Biologiegläubigen mit Verweis auf Hormone, Gene beziehungsweise Hirnhälften.

Dabei geht es hier nicht um Glauben oder Natur, es geht um Macht. Denn Männer haben bei der Gleichberechtigung natürlich auch etwas zu verlieren: ihre liebgewordenen Privilegien auf Kosten von Frauen. Und Frauen haben zwar viel zu gewinnen, aber sie müssen auch Eigenverantwortung übernehmen – und sie riskieren die Liebe der Männer. Denn die basierte bisher auf der Anpassung, ja Unterordnung der Frauen. Schmerzlich klaffen innere Widersprüche, bei Frauen wie Männern. Gleichzeitig schreitet die Gleichberechtigung unaufhaltsam voran. Steuern wir also auf eine Zerreißprobe zu?

Da sind die Enkelinnen der Generation, der noch der Zugang zur Bildung verboten war, die in ihrem Elan kaum zu stoppen sind; sie haben bessere Noten als ihre Brüder und stürmen die Universitäten. Da sind die Töchter einer Generation, die noch nicht einmal ein Recht auf Berufstätigkeit hatte; auch sie sind trotz Doppelbelastung und Arbeitslosigkeit auf ihrem Weg raus aus dem Haus und rein in die Welt nicht aufzuhalten. Da sind die 37 Prozent aller erwachsenen Frauen, die heute als Single leben, sich also die ziemlich neue Freiheit nehmen, weder zu heiraten noch ins Kloster zu gehen. Da sind die zwei Drittel Scheidungen, die von Frauen eingereicht werden. Und da ist das weibliche Drittel in den Parlamenten und Kabinetten, auch wenn die Ressorts meist noch einschlägig verteilt sind. Der Trend ist ähnlich in der Schweiz und in Österreich.

Blicken wir zurück, müssten wir eigentlich erschaudern angesichts der Abgründe, die wir überwunden, und der weiten Strecke, die wir in so relativ kurzer Zeit zurückgelegt haben. Und nicht nur in Deutschland waren Frauen auch nach 1945 noch Menschen zweiter Klasse. Die wenigen Rechte, die sie hatten – wie das Wahlrecht oder den Zugang zur Bildung –, verdanken sie der Ersten Frauenbewegung. Doch genau deren Erfolge führten mit zum härtesten Backlash unserer Geschichte: zum Nationalsozialismus, diesem extremsten aller Männerbünde.

Sicher, die Gründe für das Abgleiten der Weimarer Republik in die braune Diktatur waren komplex, doch hatte es nach der Verunsicherung durch das Erstarken der Ersten Frauenbewegung und die Niederlage im Ersten Weltkrieg wesentlich mit der Wiederaufwertung von »Männlichkeit« zu tun. Die Nazis traten erklärtermaßen nicht zuletzt an, um der »dekadenten Emanzipation« der Frauen den Garaus zu machen (deren Wortführerinnen übrigens gerne als »jüdisch« stigmatisiert wurden).

Wie viele in den Führer vernarrte Frauen auch immer gewunken haben mögen: Die Nationalsozialisten waren ein reiner Männerbund, dem Frauen nur in den unteren Rängen dienen durften. Und ihre Hierarchie – Männerbündler → Ungläubige → Frauen → Homosexuelle → Juden – ist nicht zufällig der der Islamisten von heute so ähnlich.

1933 verboten die Nazis mit als Erstes die Organisationen der Frauenrechtlerinnen. Die »Gemäßigten« blieben; die sogenannten »Radikalen« jedoch, die antibiologistischen beziehungsweise universalistischen Frauenrechtlerinnen – wie Anita Augspurg und Lida Gustava Heymann, die bereits 1923 (!) die Ausweisung des Österreichers Hitler gefordert hatten –, mussten ins Exil flüchten, wo sie auch starben. Ab sofort galt die Mutterschaft wieder als vornehmste Aufgabe der deutschen Frau. Über den Widerspruch, dass die Frauen ab Kriegsbeginn gleichzeitig »ihren Mann« zu stehen hatten, wurde stramm hinweggeblickt.

Bei Gründung der beiden deutschen Staaten 1949 bekamen die Frauen in der DDR, den hehren sozialistischen Prinzipien gemäß, formal die volle Gleichberechtigung ins Gesetz geschrieben – was nicht verhinderte, dass auch sie weiterhin doppelbelastet und aus den oberen Etagen der Macht ausgeschlossen blieben. Doch sie waren zu über 90 Prozent berufstätig, auch in sogenannten Männerberufen (wie die Physikerin Merkel), also finanziell unabhängig. Und sie konnten immerhin auf einen gewissen Respekt ihrer Genossen sowie eine umfassende gesellschaftliche Unterstützung für die Kinder zählen.

Für die Frauen in der demokratischen BRD jedoch galt erst einmal weiterhin das gute alte Familienrecht von 1900. In den islamischen Ländern ist heute das »Familienrecht« das zentrale Instrument der Entrechtung von Frauen. Nicht anders war es in Westeuropa noch vor einem halben Jahrhundert. Das bundesdeutsche Familienrecht schrieb unter anderem fest: Der Ehemann bestimmt alleine die »gemeinsame Lebensführung«, insbesondere den Wohnort und die Kindererziehung; ein eventuelles Vermögen der Frau geht bei Eheschließung in die Verfügung des Mannes über; die Frau ist verpflichtet zur »Haushaltsführung« (und gleichzeitig zur Berufstätigkeit bei Ebbe in der Familienkasse) – und er kann jederzeit, ohne sie auch nur zu fragen, ihre Stelle kündigen, so er der Auffassung ist, sie mache »ihren Haushalt« nicht ordentlich.

Da war die Scharia nicht weit (fehlte nur noch das Kopftuch und die Steinigung). Dass das im Westen heute nicht mehr so ist, ist vor allem Frauen zu verdanken, unterstützt von einer Minderheit aufgeschlossener Männer. Frauen wie der Juristin und Sozialdemokratin Elisabeth Selbert und ihren Mitstreiterinnen, unter deren Druck die »Väter des Grundgesetzes« überhaupt erst zögerlich den Artikel 3 in die Verfassung schrieben (»Alle Menschen sind vor dem Gesetz gleich. Männer und Frauen sind gleichberechtigt«). Die Herren nahmen sich dann allerdings noch neun Jahre Zeit, bis sie das Verfassungsgebot 1958 endlich auch in angewandtes Recht umsetzten, halbherzig.

Erst die Feministinnen der Zweiten Frauenbewegung und die von ihnen mobilisierten Kräfte erreichten, dass der Gesetzgeber 1977 noch einmal das Familienrecht reformierte. Erst jetzt wurde die für Frauen noch immer geltende »Pflicht zur Haushaltsführung« gestrichen und das Recht von Frauen auf Berufstätigkeit verankert. Doch es sollte noch weitere 20 Jahre dauern, bis ein deutscher Ehemann nicht mehr das Recht hatte, auf der »Erfüllung der ehelichen Pflichten« zu bestehen, sondern die Vergewaltigung in der Ehe ebenso strafbar wurde wie die im Park. Damit das nach Jahrzehnten ergebnisloser Debatten endlich auch passierte, mussten Politikerinnen aus allen Fraktionen sich über alle Parteigrenzen hinweg zusammentun (was übrigens auf Initiative von Ulla Schmidt hin geschah, der heutigen Gesundheitsministerin). Heute sind Frauen in Deutschland erstmals in der Geschichte formal uneingeschränkt gleichberechtigt, auch in der Ehe.

Geschenkt worden ist uns Frauen die Gleichberechtigung also nicht gerade. Aber jetzt ist sie erreicht. Die äußeren Fesseln sind gefallen. Die Tore zur Welt stehen den Frauen offen. Und was geschieht? Angesichts der Fröste der Freiheit scheinen die Frauen zu schaudern. Liegt es am rauen Gegenwind? Oder liegt es daran, dass die innere Emanzipation noch Trippelschritte macht, während die äußere in Siebenmeilenstiefeln vorangestürmt ist? Denn so selbstverständlich heute jede Frau gleiche Rechte und gleichen Lohn findet, so leicht lassen viele sich noch immer verunsichern von der Drohung, weniger geliebt und begehrt zu werden wegen »Verlust der Weiblichkeit« beziehungsweise »Übertreiben der Emanzipation«.

Hinzu kommen neue Gefahren. Zwar sind die jungen Frauen gebildeter denn je – gleichzeitig aber hungern sie sich in einem Land des Überflusses krank oder gar zu Tode, nur um dem propagierten Frauenideal zu entsprechen. Zwar ist allerorten von Power- und Karrierefrauen die Rede – gleichzeitig aber schafft die dank neuer Liberalität und neuer Medien allgegenwärtige Pornografie ein Frauenbild, das weibliche Menschen brutal zur Ware degradiert. Zwar sind Frauen sexuell gleichberechtigter als je zuvor in der Geschichte und sprechen Sexualforscher von einer »Konsensmoral« zwischen den Geschlechtern und einer »friedlichen, kommunikativen Sexualität« – gleichzeitig aber haben Pornografie und Prostitution, vor allem die mit der »Billigware« aus Osteuropa plus Sextourismus, epidemische Ausmaße angenommen. Und: Wir müssen heute leider davon ausgehen, dass zwei von drei Männern Freier sind, das heißt: Für diese Männer sind Frauen das käufliche Geschlecht (siehe auch das Kapitel Prostitution).

Dennoch wird die neue Geschlechterordnung nicht mehr nur von den einschlägig Verdächtigen vorangetrieben, sondern auch von solchen, die die Unterstellung, Feministin zu sein, vermutlich weit von sich weisen würden. »Die Zeiten sind vorbei, in denen Männer per se mächtiger waren und als Alphatierchen daherkamen« (so Ministerin von der Leyen im *Stern*). Alphatierchen. Die Zeiten sind neu, dass konservative Politikerinnen so etwas nicht nur hinter vorgehaltener Hand, sondern im Interview sagen. Und neu ist auch das Schlagwort vom »konservativen Feminismus«.

Solange die Republik in einer traditionell gewachsenen, parteipolitischen Erstarrung gefangen war, ließ sich das Spielchen, Feminismus sei »links« und eine konservative Partei für feministisches Gedankengut immun, noch bestens spielen, vor allem mit politisch gläubigen Gemütern. Doch spätestens in der Großen Koalition zeigt sich in Deutschland nun die realpolitische Gestrigkeit solcher Kategorien. Auch auf die frauenpolitische Entwicklung in Österreich, das seit 2007 ebenfalls eine große Koalition hat, dürfen wir darum gespannt sein. In der nach dem Scheitern der Ideologien ernüchterten Politik zählen nicht länger große Töne, sondern reale Taten. Und in Bezug auf die Taten hatten gerade Frauen, parteipolitisch gesehen, noch nie eine Heimat. Ihre Interessen wurden bisher weder links noch rechts vertreten, sondern vor allem von ihnen selber.

Die Pläne für das Lohnersatzgeld und die Krippen hätten schon bei von der Leyens sozialdemokratischer Vorgängerin Renate Schmidt in der Schublade gelegen, heißt es nun in den Medien. Womit Linksliberale andeuten wollen, eigentlich sei diese fortschrittliche Familienpolitik eine Erfindung der SPD – und Konservative sagen wollen, hier habe man es mit einer mutierten konservativen Familienministerin zu tun. Nur, die Sozialdemokratin hatte sich in der Tat einfach nicht getraut, denn: »Es hat die Mächtigen in der Republik nicht interessiert. Vor allem nicht Gerhard Schröder« *(Spiegel)*. Das sieht heute bei einer Kanzlerin schon anders aus, gar noch bei einer aus dem Osten, für die Kinderkrippen und Frauenberufstätigkeit selbstverständlich sind.

Sicher, das feministische Prinzip ist auch weiterhin links einzuordnen, soweit »links« für Menschenrechte und soziale Gerechtigkeit steht. Doch parteigebunden war der wahre, der autonome Feminismus noch nie; es gab nur immer wieder Versuche, ihn zu vereinnahmen, vor allem von linken Kräften. Resultat war nicht selten die Anpassung bis zur Unterwerfung der jeweiligen Feministinnen vom Dienst innerhalb der Linken – und ihr entsprechend angespanntes Verhältnis zum autonomen Feminismus. Das war in der historischen Frauenbewegung zwischen den Sozialistinnen und den heute sogenannten »Bürgerlichen« nicht anders.

Denn die Linke hatte seit Auftauchen der Frauenbewegung den – nie eingelösten – Anspruch, selber eine geschlechtergerechte Politik zu machen. Das war schon Ende des 19. Jahrhunderts so. Die sogenannte »Frauenfrage« sei nur ein »Nebenwiderspruch«, hieß es auch hundert Jahre später wieder, und werde im Zuge des »Hauptwiderspruchs«, der Klassenfrage, automatisch gelöst.

Die Konservativen jedoch haben gar nicht erst behauptet, die Emanzipation stünde auf ihrer Agenda. Sie hatten es von daher auch nicht nötig, Interessengegensätze zu verschleiern.

Doch zugegeben, die linken Männer waren auch von Anfang an härter gefordert. Schließlich waren es ihre eigenen

Frauen, die im Frauenzentrum agitierten, während die sogenannten »bürgerlichen Frauen« sich noch damit begnügten, klammheimlich zu sympathisieren. Das ist nun vorbei. Jetzt ist der Feminismus da angekommen, wo er *auch* hingehört: in der Mitte der Gesellschaft. Entsprechend scharf reagieren nun auch die Konservativen.

Feministisches Denken und Handeln ist nicht länger eine Frage von Links oder Rechts; keine von Schwarz, Rot, Grün oder Gelb. Feminismus ist überall da, wo Frauen ein selbstbestimmtes Leben und das Recht auf Berufstätigkeit fordern sowie die Teilhabe von Männern an der Familienarbeit. Denn das ist Feminismus: die Infragestellung der Geschlechterrollen; also der emotionalen, intellektuellen und ökonomischen Arbeitsteilung zwischen Frauen und Männern. Alles Weitere – ob Reform im Rahmen des Bestehenden oder radikale Infragestellung – ist Teil einer darüber hinausgehenden gesamtpolitischen Haltung.

So darf zum Beispiel durchaus darüber gestritten werden, ob der Pazifismus – also die Ablehnung von Krieg als Mittel der Politik und das Tabu des Angriffskrieges, neumodisch Intervention genannt – unveräußerlicher Teil von Feminismus ist. Die Analyse des Krieges als »Perversion des männlichen Prinzips« spräche dafür – die unterschiedlichen Interessenlagen auch von weiblichen Menschen sprächen dagegen. Wobei es unübersehbar ist, dass es Männer sind, die Kriege führen (sie haben ja auch die Macht dazu), und Frauen, die in der ersten Reihe stehen beim Pazifismus.

Doch mir persönlich war es immer schon geheurer, meine Ablehnung von ungerechtfertigten Kriegen – wie dem fatalen Kosovokrieg oder den so voraussehbar folgenschweren Interventionen in Afghanistan und im Irak – nicht feministisch, sondern humanistisch zu begründen. Die so kommode Aufteilung in hier (ohnmächtige) Friedensfrauen und da (mächtige) Kriegsmänner scheint mir nicht mehr als eine Fortsetzung der Geschlechterklischees. Nein, Frieden darf nicht länger Frauensache sein, sondern muss ein Menschenanliegen werden!

Zurzeit fällt in der Politik ein internationaler Trend zur Staatschefin auf. In Deutschland lagen zwischen der Erringung des Stimmrechtes für die Frauen und der Wahl der ersten Staatschefin 87 Jahre. In der Schweiz, wo die Frauen erst 1971 nach langen Kämpfen das Wahlrecht erhielten, präsidiert mit Außenministerin Micheline Calmy-Rey bereits 35 Jahre später eine Frau den Bundesrat. Im Frühling 2007 waren in 123 Demokratien insgesamt zwölf Frauen an der Spitze. Das ist quantitativ nicht viel. Doch es hat sich qualitativ etwas verändert.

Die Staatschefinnen von heute scheinen nicht länger Ausnahmefrauen zu sein, die in Ausnahmezeiten den Karren aus dem Dreck ziehen; wie Golda Meir im Israel der 70er oder Margaret Thatcher im Großbritannien der 80er. Und vor allem: Sie sind nicht länger eingeschlossen in weibliche Klischees à la »Mutter der Nation« oder »Eiserne Lady«, sondern sind unterschiedliche Persönlichkeiten mit unterschiedlichen Programmen; sie tragen Rock oder Hose und haben Kinder oder keine. Und sie machen es allemal so schlecht oder so gut wie ihre männlichen Kollegen, manchmal sogar besser.

Charakteristisch für die meisten Staatschefinnen scheint allerdings eine geringere persönliche Eitelkeit und stärkere Sachbezogenheit zu sein; sowie eine menschenorientiertere Politik, was mit dem menschennäheren weiblichen Lebensmodell zu tun haben wird. Doch keine von ihnen muss oder will heute noch beweisen, dass sie es kann, *obwohl* sie eine Frau ist; oder dass sie *trotzdem* die gleiche Politik macht wie ein Mann; oder dass sie im Gegenteil gerade deshalb eine *andere* Politik macht. Die Zeiten sind vorbei. Gottlob. Frauen machen einfach ihren Job – und müssen sich an den Resultaten messen lassen, wie jeder Mann auch. Mit einer Einschränkung: Frauen sind nicht Teil von politischen beziehungsweise gesellschaftlichen Frauenbünden, wie die Männer Teil von Männerbünden sind, in die sie quasi von Geburt an hineinwachsen. Das macht ihren Job schwerer. Und es macht die Karrierefrauen einsamer.

Einmal an der Macht, scheinen Staatschefinnen sich auch in der westlichen Welt in eine Art »Neutrum« zu verwandeln. Bis auf die wenigen Ausnahmen, die das Gebot der Wahl für Frauen an der Macht – Kopf oder Körper! – nicht befolgen – das heißt, sich zur »Strafe« für die Karriere nicht entsexualisieren lassen. Der Trend allerdings ist neu. Das Problem jedoch ist alt. Bereits die Psychoanalytikerin Karen Horney (1885–1952) – die erste Feministin, die Freuds Sexualitätskonzept kritisierte – wusste: »Jede Frau, die eine eigene Karriere wagt, ist Konflikten ausgesetzt, wenn sie nicht gewillt ist, dieses Wagnis auf Kosten ihrer Weiblichkeit einzugehen.«

Auf dem Weg zur Macht spielt das Geschlecht der Kandidatinnen noch immer eine entscheidende Rolle – egal wofür sie stehen, wie sie agieren und wie sie aussehen. An die nicht enden wollende Debatte über Frisur und Kleidung von Angela Merkel vor der Wahl erinnern wir uns bestens; an die wahrhaft historische Wahlnacht im Sepember 2005 nicht minder, in der Verlierer Schröder der Siegerin Merkel wie von Sinnen entgegenschleuderte: Die kann das nicht – das Volk will, dass ICH weiterregiere!

Und wie reagierten die Frauen? Die verhielten sich durchaus gespalten. Und so manche Wählerin, vor allem chronisch Linke, war sich auch nach sieben rotgrünen Jahren, in denen Frauenpolitik zum »Gedöns« deklassiert worden war, nicht zu schade, die Kandidatin um jeden Preis abzulehnen. Wie Elke Heidenreich, die erklärte, lieber würde sie »noch hundert Jahre Männer wählen« als »die da«. Denn die führe uns stramm zurück an den Herd, ergänzen Gesinnungsgenossinnen. Diese, in diesem Fall besonders absurde Unterstellung, hat natürlich wenig mit der Kandidatin und viel mit dem eigenen Selbstwertgefühl von Frauen zu tun, genauer: mit der traditionell weiblichen Selbstverachtung.

Sozialistinnen, die sich vorwagen, ergeht es nicht anders als Konservativen. So war im Frühling 2007 in Frankreich zu erleben, wie Männer und Frauen aus der eigenen Partei ihrer Präsidentschaftskandidatin in den Rücken fielen. Was sie denn mit den Kindern mache, fragte der Linksaußen-Konkurrent Fabius die zu dem Zeitpunkt 53-jährige Ségolène Royal (von deren vier Kindern drei bereits aus dem Haus sind). Sie sei »eine frömmelnde dumme Kuh« und »dem Job nicht gewachsen«, denn »ein Wahlkampf ist kein Schönheitswettbewerb«, wurde der klassisch Attraktiven von den sozialistischen »Elefanten« öffentlich entgegengeschleudert.

Auch Royal war, ganz wie Merkel, nicht etwa von ihren Kollegen, sondern von der Basis an die Spitze geschoben worden. Und bis zuletzt hielten sich die Gerüchte, die »Elefanten« der eigenen Partei wollten sie noch vor der Wahl stürzen. Die knappe Niederlage am 6. Mai verdankt Royal wohl weniger den Gegnern, sondern eher den eigenen Genossen – und den Geschlechtsgenossinnen, die nicht die Chance genutzt haben, endlich eine der ihren zu wählen.

Aber auch wenn der Sexismus angesichts des Vormarsches der Frauen wieder fröhliche Urstände feiert, so hat sich doch etwas verändert. Der Kokon, in dem Karrierefrauen bisher eingeschlossen waren, bekommt Risse. Heraus blitzen Frauen wie jede andere, nur mit spezifischen Fähigkeiten für ihren Job und mehr Chancen oder Glück. Und immer deutlicher wird für Frauen wie Männer: Eine jede könnte es sein. Das ist das Subversive. In der westlichen Politik geht die Spanne heute von Angela Merkel bis Hillary Clinton – und das ist eine ziemlich weite Spanne.

Was bedeutet: Die Emanzipation ist in die Tiefe und Breite zugleich gegangen. Darum kann sie jetzt die zweite Stufe zünden. Nach der Revolution in den Köpfen und der Reform der Gesetze geht es nun um tief greifende Veränderungen familiärer und gesellschaftlicher Strukturen – damit die Frauen nicht noch einmal vom nächsten Männerbund vom Platz gefegt werden können.

Das gesellschaftspolitische Zauberwort dafür heißt Familienpolitik, das administrative Gender-Mainstreaming. Ein Wortungetüm, doch eine effektive Methode, erprobt in der Entwicklungshilfe, als EU-Norm in Brüssel verabschiedet und seit 1999 auch in Deutschland gültig. Seither müssen alle staatlichen Institutionen das, was sie tun, und sich selbst auf Sexismus durchleuchten: Spielt das Geschlecht eine Rolle? Werden Männer bevorzugt beziehungsweise Frauen benachteiligt?

Praktisch sieht das so aus: Zum Beispiel der Klimawandel. Da ist es doch nun wirklich egal, welches Geschlecht der Mensch hat, oder? Falsch. Die geschlechtersensibilisierte Forschung fand heraus, dass es sowohl bei der Verursachung der Klimakatastrophe wie bei dem Problembewusstsein dafür, als auch bei der Problemlösung eine einschneidende Rolle spielt, ob Frau oder Mann. KlimaforscherInnen fanden heraus: 1. Der Energieverbrauch von »Männern im mittleren Alter« ist doppelt so hoch wie der gleichaltriger Frauen (größere Autos, mehr Computer, Technik etc.). 2. Im heißen Sommer 2003 starben laut Weltgesundheitsorganisation 15–20 Prozent mehr Frauen als Männer (weil mehr alte Frauen allein in ihren Wohnungen hocken, Männer in Heimen bevorzugt behandelt werden etc.). 3. Bei dem Erdbeben in Pakistan 2005 starben viermal so viele Frauen wie Männer (eingesperrt ins Haus oder weniger wert, gerettet zu werden). 4. Jeder zweite Mann, aber zwei von drei Frauen hoffen, dass Deutschland Vorreiter wird im Klimaschutz, was bedeutet: Frauen sind motivierter.

Oder ein anderes, weniger weltbewegendes, doch auch aufschlussreiches Beispiel: Als die Polizei von Nordrhein-Westfalen jüngst neue Waffen anschaffen wollte, wurde es nur dank Gender-Mainstreaming zum Thema, dass die Polizistinnen die vorgeschlagene Waffe zu groß und unhandlich fanden. Also wurden kleinere Waffen angeschafft – und die liegen nun auch den Polizisten bequemer in der Hand (es müssen eben nicht immer Western-Colts sein).

Oder die Museumsforschung im Ruhrgebiet. Wessen Geschichte aus der Region soll eigentlich dokumentiert werden? Die der Bergleute, klar. Die der Stahlarbeiter, versteht sich. Doch was ist mit den Textilarbeiterinnen, die ja auch einst das Bild der Region geprägt haben und ebenfalls massenhaft Opfer des Strukturwandels wurden? Ach so … ja … stimmt. Also wird nun auch Zeugnis abgelegt zur untergegangenen Existenz der Näherinnen. Das ist Gender-Mainstreaming. Nicht mehr und nicht weniger.

Dennoch sehen die Freunde des Patriarchats durch Gender-Mainstreaming die Republik in Gefahr. Also blies am 19. Juni 2006 *FAZ*-Redakteur Volker Zastrow zum Halali auf das Verfahren, das in seinen Augen nichts anderes ist als der Versuch einer »politischen Geschlechtsumwandlung«. Mag sein, dass dieser oder jener schockierte *FAZ*-Leser vor lauter Kastrationsängsten das Adjektiv »politisch« überlesen hatte. Jedenfalls schlugen die Wellen hoch.

Ein halbes Jahr später zog der *Spiegel* fast wortgleich nach und warnte vor der »Fabrikation des neuen Menschen«, ausgebrütet in EU-Laboren und ausgeführt von Gleichstellungsbeauftragten. Eine Woche nach der Veröffentlichung wusste die rechtsradikale *Junge Freiheit* zu vermelden, dass auch sie einen schaudernden Blick in das »Labor der Menschenzüchter« geworfen habe. Wohlgemerkt, wir reden noch immer vom EU-verordneten Gender-Mainstreaming.

Als Verantwortliche für den Frontalangriff auf die gute alte Geschlechterordnung machte Zastrow die Feministin vom Dienst, also mich, und die Familienministerin vom Dienst, also Ursula von der Leyen, aus. Schwarzer plane schon seit 1975 »die Abschaffung der Hausfrau, genauer: der Hausfrau und Mutter«. Und von der Leyen treibe nun als Trojanisches Pferd des Feminismus ihre »Staatskrippenpläne« und die »Geschlechtsumwandlung« unter der verführerischen Formel der »Vereinbarkeit von Beruf und Familie« voran. Dahinter jedoch stecke in Wahrheit, so Zastrow, die Frauenbewegung (was stimmt), ja schlimmer noch: ein Lesbenkomplott (was überrascht).

Man hätte das Ganze als abstruse, eher persönlich genährte Männerfantasie abtun können, wäre da nicht die Bedeutung des Mediums gewesen. Und in der Tat, der *FAZ*-Artikel hat nicht nur in Deutschland eine Kettenreaktion ausgelöst, sondern ist inzwischen auch über die Grenzen in die Schweiz und nach Österreich geschwappt. Nehmen wir ihn also ernst, und so, wie er gemeint ist: als Einschüchterungsversuch in Richtung institutionalisierter Gleichstellungspolitik, die die individuelle Emanzipation flankiert.

Doch was heißt eigentlich Gender-Mainstreaming? Der Begriff Gender stammt aus der Sexualwissenschaft und bezeichnet das soziale Geschlecht (Gender) im Gegensatz zum biologischen (Sex). Zur Unterscheidung zwischen der anerzogenen Geschlechterrolle und dem angeborenen Geschlecht wurde er ab den 70er-Jahren auch von Feministinnen genutzt. So richtig Karriere aber machte er erst im akademischen Diskurs der 90er-Jahre. Die GenderforscherInnen wollten nun nicht nur die konstruierte Geschlechterrolle »dekonstruieren«, sondern auch das biologische Geschlecht. Heraus kam ein Frontalangriff auf das Konzept der Zweigeschlechtlichkeit; philosophisch nicht uninteressant, doch fern von der weiterhin schwer gendernden Realität.

Die Utopie, da ist der Feminismus sich mit den GendertheoretikerInnen einig, die Utopie ist der Mensch, der nicht länger eingeschlossen ist in der Geschlechterrolle und dessen biologisches Geschlecht nur ein Faktor sein wird unter vielen, die seine Persönlichkeit ausmachen. Realität jedoch ist, dass wir heute Frauen und Männer *sind*, Produkt nicht nur einer frühen Prägung, sondern auch einer lebenslangen alltäglichen Realität: der Zuweisungen, Erwartungen und Projektionen unserer Umwelt. Dieser Realität hat der Genderdiskurs kaum Rechnung getragen, und dadurch leider eher dazu beigetragen, dass die Kluft zur angewandten Frauenforschung und Geschlechterrealität immer größer wurde.

Einen unerwarteten Rückschlag für die Emanzipation schien zunächst auch die deutsch-deutsche Wiedervereinigung zu bringen. Statt der wohl nicht nur von mir erhofften Zusammenführung der weiblichen Stärken der beiden Hälften – im Westen die Erfahrung im feministischen Widerstand, im Osten die der gesellschaftlichen Teilhabe – wurden nun die Schwächen der Frauen und der Unterschied zwischen West und Ost betont. Die auch im Osten verbreitete antifeministische Propaganda war, wie sich rasch herausstellte, nicht folgenlos geblieben. Sie seien schon längst emanzipiert, ließen die

Ostschwestern wissen, fänden das mit der »weiblichen Sprache« schlicht lächerlich und hätten auch »nichts gegen Männer«. Den Westfeministinnen verschlug es zunächst die Sprache: Die guten alten Unterwerfungsformeln, überwunden geglaubt seit den 70er-Jahren, da feierten sie Wiederauferstehung. Also wieder von vorn anfangen?

Nein, ruhig Blut bewahren. Und in der Tat. Nach Überwindung des ersten Schocks beim Wechsel vom sozialistischen ins kapitalistische System besannen die DDR-Frauen sich wieder auf ihre spezifischen Erfahrungen, allen voran die lebenslange Berufstätigkeit und die damit einhergehende staatliche Unterstützung bei der Kindererziehung.

Eine Generation später scheint nun zusammenzuwachsen, was zusammengehört: die Saat der westlichen Frauenbewegung, befruchtet von den Erfahrungen der realsozialistischen Frauenleben. Schulter an Schulter streben die deutschen Frauen aus West und Ost jetzt auf ein gemeinsames Ziel zu: die der Teilung der Welt und die des Hauses – für Frauen wie Männer. Die erste deutsch-deutsche Kanzlerin kommt nicht zufällig aus dem Osten.

Dass das nicht so einfach durchgeht, dürfte nicht überraschen. Wo also stehen wir heute? An einer entscheidenden Etappe. Wenn wir jetzt nicht die richtigen Antworten finden auf die vor uns liegenden Herausforderungen, laufen wir Gefahr, wieder einmal zurückzufallen. Welche Fragen also stellen sich? Und welche Antwort wollen und können wir geben? Hier ist die meine.

2 Frauen sind von Natur aus anders

Es war ein Tag im Spätherbst 1973. Wir saßen auf dem Place des Vosges im Herzen von Paris und genossen die letzten Sonnenstrahlen. Nach zwei vergnüglichen Stunden waren wir gerade beim Dessert angekommen, da fragt Herbert Marcuse mich: »Und, was planst du als nächstes Buch?« Der ihn begleitende Reinhard Lettau nickte: »Genau, Alice, erzähl!«

Mir ging in der Tat gerade ein neues Projekt durch den Kopf. Nach meinen beiden ersten Büchern, die im selben Verlag wie Marcuse erschienen waren (der damals politisch wie intellektuell prägenden edition suhrkamp), hatte mich ein Thema nicht mehr losgelassen. Erfreut über das Interesse des Philosophen, einer der Vordenker der 68er-Bewegung und auch von mir geschätzt, legte ich los.

Wie mir bei meinen bisherigen Recherchen – über die Folgen des Abtreibungsverbotes für das Leben von Frauen sowie zur Vereinbarkeit von Beruf und Familie (tja, so lange geht das schon) – immer wieder die »Liebe« begegnet sei; die Liebe zu Männern, begleitet von Stereotypen wie: »Das mache ich aus Liebe« oder »So sind sie nun mal, die Männer«. Und dass ich mich darum jetzt mit der Liebe und der Vorherrschaft der Heterosexualität, also der Theorie von den zwei Hälften, die sich angeblich so trefflich ergänzten, intensiver beschäftigen wolle.

Ich sagte: »Ich frage mich, warum die Frauen das alles mitmachen. Und immer unter der Prämisse, dass sie Frauen sind – und die Männer eben Männer.«

Da beugte Marcuse sich vor, sah mir tief in die Augen und sagte mit gewinnendem Lächeln: »Aber Alice, du willst doch nicht etwa den kleinen Unterschied abschaffen!« Ich hielt verdutzt inne und blickte fragend zu Lettau, Marcuses jüngerem Schriftsteller-Freund aus Berlin. Der feixte – und ich wechselte diskret das Thema. Das Essen war einfach zu vergnüglich, um es ernsthaft mit einer politischen Kontroverse zu belasten.

Ein Jahr später. Ich bin als Reporterin für das Fernsehmagazin *Panorama* unterwegs, um über den Hessen-Wahlkampf der SPD zu berichten, unter besonderer Berücksichtigung der gerade virulent gewordenen Frauenfrage. Schließlich waren es die sogenannten »neuen Frauen« gewesen, die laut Wahlanalyse 1972 den Sozialdemokraten zur Macht verholfen hatten – in der Hoffnung, die würden etwas tun für die Emanzipation. Heute also bin ich in Bonn mit dem auch von mir gewählten Willy Brandt verabredet. Er kommt nicht allein, sondern umringt von einer Art kollektivem Männerkörper: jüngere Männer von geschmeidiger Attitüde, mit zeitgeistig längeren Haaren und modisch breiten Krawatten. Der ganze Auftritt hat so einen Hauch von Harem.

Selbstverständlich plaudere ich mit dem Kanzler nicht über meine Gedanken zur Liebe und Sexualität, sondern stelle ihm vor laufender Kamera ein paar präzise Fragen zum Recht auf Abtreibung und zur Gleichberechtigung der Frauen. Plötzlich, wie aus heiterem Himmel, sagt Brandt, unüberhörbar gereizt, zu mir: »Aber wir wollen doch nicht den kleinen Unterschied abschaffen!«

Wollen wir nicht? Ich jedenfalls wollte es inzwischen wirklich wissen, was es eigentlich auf sich hatte mit dem »kleinen

Unterschied«, diesem Vorwand für die großen Folgen. Und mein Buchtitel stand nun auch, inspiriert von Marcuse und Brandt: »Der kleine Unterschied – und seine großen Folgen«.

Es ging in dem dann im Herbst 1975 erschienenen Buch vor allem um die großen Folgen, also die Zuweisung der Geschlechterrollen im Namen des biologischen Unterschiedes. Das Buch wurde zu meiner eigenen Überraschung in elf Sprachen übersetzt, und mit den 18 Fallschilderungen identifizierten sich Frauen von Japan bis Brasilien – ich musste also einen universellen Nerv getroffen haben. Der kleine Unterschied schien weltweit ein Problem zu sein. Für Frauen.

Es ist nun 32 Jahre her, dass das Buch erschienen ist – umso erstaunlicher finde ich, dass es in zahlreichen aktuellen Publikationen gegen den Feminismus, von einem Volker Zastrow bis zu einer Eva Herman, eine so zentrale Rolle spielt. Dieses Buch vor allem sei schuld, heißt es, dass »die Frauen keine Frauen mehr sind« und Politikerinnen gerade zur »Zerstörung der Familie« und zur »politischen Geschlechtsumwandlung« schritten.

Im Mittelpunkt all dieser Klagen um den Verlust der »echten Weiblichkeit« und Bedrohung der »wahren Männlichkeit« steht eine Fallschilderung, die den AnhängerInnen der ewigen Differenz als ultimativer Beweis gilt für die Absurdität der vom Feminismus postulierten Gleichheit der Geschlechter. Es ist ein Fall, der im Diskurs der 70er-Jahre in der Tat eine gewisse Rolle gespielt hat und in der Tat auch von mir im »Kleinen Unterschied« als Beleg zitiert wird.

Gemeint ist der berühmte »Zwillingsfall«, den die SexualforscherInnen John Money und Anke Ehrhardt in ihrem 1975 auch auf Deutsch erschienenen Buch »Männlich, Weiblich – Zur Entstehung der Geschlechtsunterschiede« anführen: Ein kleiner Junge, dem bei einem operativen Eingriff im Alter von sechs Monaten versehentlich der Penis beschädigt worden war,

war auf Anraten von Sexualwissenschaftler Money einfach als Mädchen erzogen worden – was anscheinend, so zumindest nahm man damals an, reibungslos funktioniert hatte – und zum Paradefall der Identitätsdebatte in der Sexualwissenschaft wurde.

Der Fall ist in der Tat sehr interessant. Auch und eigentlich gerade weil er sich ganz anders entwickelt hat als zunächst angenommen. Ein Vierteljahrhundert nach Money und Ehrhardt nämlich veröffentlicht der *Rolling-Stone*-Reporter John Colapinto ein Buch über den »Jungen, der als Mädchen aufwuchs«, und enthüllt, dass in Wahrheit alles schiefgegangen sei. Was stimmt – bis hin zum Selbstmord von Bruce Reimers, so hieß der Zwilling. Erschossen hat Reimers sich allerdings ein Jahr nach Erscheinen von Colapintos Buch.

Und das ist die Geschichte: 1965 kommen die Zwillinge Bruce und Brian als Kinder von Ron und Janet Reimers in Winnipeg auf die Welt. Die Eltern sind gläubige Mennoniten, also Angehörige einer christlichen Sekte. In den ersten Monaten entdeckt die Mutter, dass beide Jungen an einer Phimose, einer Verklebung der Vorhaut, leiden. Im Alter von sechs Monaten werden sie operiert. Was eigentlich ein Routineeingriff ist, geht bei Bruce schief. Sein Penis wird so verletzt, dass nur noch ein verbrannter Stummel bleibt. Die Eltern sind verzweifelt. Denn ein Junge ohne Penis – das ist kein Junge.

Einige Monate später sehen sie zufällig den Sexualwissenschaftler John Money im Fernsehen. Er spricht über die Behandlung von körperlichen Zwittern sowie seelischen Transsexuellen und der Kluft zwischen psychologischem und genetischem Geschlecht; über die Uneindeutigkeit der biologischen Geschlechter und sozialen Geschlechterrollen also. Die Eltern schöpfen Hoffnung. Sie kontaktieren Money, der zur Operation und Hormonbehandlung rät – und zur Erziehung von Bruce als Mädchen. Denn ein biologischer Junge ohne Penis steht nicht nur seiner Meinung nach auf verlorenem Posten und wird besser gleich ein Mädchen.

Zu diesem Zeitpunkt ist Bruce bereits 17 Monate alt. Das Kind ist es gewohnt, behandelt zu werden wie sein Zwillingsbruder Brian. Jetzt aber beginnt die Umerziehung, um nicht zu sagen der Drill zum Mädchen. Während Brian mit dem Vater auf den Sportplatz zieht, muss Bruce/Brenda mit der Mutter zu Hause bleiben; wenn Brian in Jeans rumtobt, wird Brenda in Kleidchen gesteckt. Das Kind wehrt sich und gilt bald als »Tomboy«, als jungenhaftes Mädchen, das lieber mit Jungen spielt (eine Präferenz, die auch so manches biologisch echte Mädchen mit Bruce teilt).

Doch je mehr Bruce sich zur Wehr setzt gegen das Geschlechtsrollendiktat, umso stärker wird der – wohl gut gemeinte – Druck der fundamental-christlichen Eltern. Hinzu kommen die Sitzungen bei Money, für den der »Zwillingsfall« ein Traumfall ist: ein genetisch männliches Kind, das als Mädchen aufwächst, noch dazu mit einer kongenialen »Kontrollgruppe«, dem Zwillingsbruder an seiner Seite. Der Fall ist so verführerisch für den Forscher, dass er offensichtlich versucht, Bruce um jeden Preis in den Rahmen seiner Theorien zu pressen. Was Colapinto nicht nur den Schilderungen Bruce's/Brendas, sondern auch den Gesprächsbändern entnimmt, die Money selbst später Reimers auf dessen Bitte hin überlassen hatte.

Das Kind kriegt also die doppelte Ladung ab: den elterlichen Drill zum Mädchen – plus wissenschaftlicher Begleitung, die rigide darauf achtet, dass es via Prägung auch ein »richtiges Mädchen« wird. Nur, das Kind hatte vor Beginn der Behandlung bereits 17 Monate als Junge gelebt; nach dem, was wir von frühkindlichen Prägungen wissen, gerade auch geschlechtsspezifischen, ist das viel. Und nicht nur die Eltern, auch die näheren Verwandten wissen um das Problem. Als

Brenda in der Schule auffällig wird, werden auch die Lehrer informiert. Der Junge, der als Mädchen aufwächst, erhält also von Anfang an eine doppelte Botschaft: Das »Mädchen« bewegt sich in einem Umfeld, in dem die meisten Menschen wissen, dass es ein »Junge« ist.

Mit 14 sagt der Vater dem Kind die Wahrheit. Männersache. Bruce/Brenda entschließt sich, von einem Tag zum anderen mit dem schon lange als einengend und fremd empfundenen Leben als Mädchen Schluss zu machen und wieder als Junge zu leben. Er stoppt die verhassten Sitzungen bei Money sowie die Hormonbehandlungen und nennt sich von nun an David.

David Reimers ist 32, als er zum ersten Mal Colapinto trifft, der die »Wahre Geschichte von John/Joan« im *Rolling Stone* veröffentlicht, zunächst noch anonymisiert. Er ist 35, als das Buch erscheint, diesmal mit seinem vollen Namen. Er ist 36, als er sich eine Kugel in den Kopf jagt.

Für die Anhänger der Alles-ist-angeboren-Theorie gilt der tragische Fall als finaler Beweis dafür, was für ein Verbrechen man einem Menschen antut, wenn man ihn nicht seinem biologischen Geschlecht gemäß »männlich« beziehungsweise »weiblich« erzieht. Doch funktionalisieren solche Ideologen Bruce/David Reimers nicht minder, als es offensichtlich schon Forscher Money getan hatte. Für den Tod verantwortlich halten müsste man allerdings beim genauen Hinsehen nicht Money, den Reimers am Ende seines Lebens seit 22 Jahren nicht mehr gesehen hatte, sondern den Enthüllungsjournalisten Colapinto, dem die Story wichtiger war als die Rücksicht auf dieses schon so funktionalisierte Leben.

So überrascht es nicht, dass Colapinto kurz nach Bruce/Davids Tod in der *Washington Post* einen langen, rechtfertigenden Artikel über »Die wahren Gründe für den Selbstmord« schreibt. Als wahre Motive zählt der Journalist auf: Depressionen in der Familie, Eheprobleme, Schulden, Arbeitslosigkeit und »die Unfähigkeit, ein echter Ehemann« zu sein (wie David selbst es kurz vor seinem Tod seiner Ehefrau gegenüber formuliert haben soll). Übrigens: Davids Zwillingsbruder, der als Mann geborene und als Mann erzogene Brian, hatte bereits zwei Jahre vor ihm Selbstmord begangen.

Wie auch immer, das traurige Leben von Bruce/David taugt wenig als Beleg für die Unabänderlichkeit eines sogenannten natürlichen Geschlechtscharakters. Im Gegenteil: Es ist eher der Beweis für die gnadenlose Konstruktion dieser ganzen Geschlechternormen – und für die Absurdität einer Welt, in der ein Mensch ohne Penis eine Frau sein muss. Am humansten wäre es wohl gewesen, den genitalverstümmelten, aber ansonsten gesunden Kleinen einfach trotzdem zeitgemäß als Jungen aufwachsen zu lassen, ganz wie seinen Zwillingsbruder – und ihm behutsam beizubringen, dass auch ein Mann ohne Penis ein Mensch ist (und, so er nur will, sogar ein besserer Liebhaber sein kann als so mancher siegesgewisse Rammler).

In einer idealen, vom Geschlechtsnormen-Terror befreiten Welt, in der Menschen nicht in erster Linie Frauen oder Männer wären – und Schwarze oder Weiße et cetera –, sondern einfach Menschen, wäre das alles nur ein bedauerlicher Unfall gewesen, nicht mehr und nicht weniger. Denn das biologische Geschlecht wäre dann nur ein Faktor von vielen, der den Menschen zwar mit prägt, ihn jedoch nicht umfassend definiert: als Frau *oder* Mann.

Nicht zufällig rechnet Colapinto in seinem Buch auch mit John Money, dem berühmten und entsprechend umstrittenen Sexualwissenschaftler, ganz persönlich ab. Für den *Rolling-Stone*-Journalisten ist der 2006 in Amerika verstorbene, gebürtige Australier Money – der einst selber über seinen gewalttätigen Vater und das Aufwachsen bei der Mutter geschrieben hatte – nichts als ein pathologischer Fall: ein Männerhasser, eine Memme, ja ein Kastrateur, der am liebsten Männer entmannt. Colapintos Ton zeigt, dass ihm die ganze Richtung nicht passt: die sexualwissenschaftliche und psychoanalytische Strömung – von Freud und Stoller bis Kinsey und Money –, die zur »sexuellen Revolution« sowie zur Relativierung der Kategorien Männlich/Weiblich beigetragen hat. All diese Wissenschaftler analysierten das Zusammenspiel zwischen der Bildung einer sexuellen Identität (nach innen) und der Oktroyierung einer Geschlechterrolle (nach außen) – und zogen den Schluss, dass dies vor allem Kultur und weniger Natur sei.

Colapinto jedoch ist, ganz wie Bruce'/Brendas sektiererische Eltern, am Verstehen solch komplexer Zusammenhänge nicht interessiert. Er ist ein Anhänger klarer Verhältnisse: Mann oder Frau! Der Autor geht also so weit, zu behaupten, Money und Ehrhardt seien dogmatische VerkünderInnen der Anerzogen-These gewesen. Doch auch bei rückblickender Lektüre lässt sich für diese Unterstellung nicht der geringste Anhalt finden. Im Gegenteil: Die beiden zu ihrer Zeit zur Avantgarde der internationalen Sexualforschung zählenden WissenschaftlerInnen betonen in »Männlich, Weiblich« immer wieder die gegenseitige Bedingtheit von Biologie und Prägung. Und sie legen sehr genau dar, wie die Entwicklung der sexuellen Identität das Ergebnis einer komplexen »psychosexuellen Dynamik«, einer lebenslangen Wechselwirkung von Sex and Gender ist – was auch den allerneuesten Erkenntnissen der Wissenschaft entspricht.

Umso überraschender, dass heutige WissenschaftlerInnen nur wenige Jahrzehnte später sowohl im natur- wie im geisteswissenschaftlichen Bereich davon nichts mehr zu wissen scheinen und gerade mal wieder das Rad neu erfinden. Als hätte nicht auch bereits vor diesen SexualforscherInnen Simone de Beauvoir das alles schon 1949 auf die knappe Formel gebracht: »Man wird nicht als Frau geboren, man wird dazu gemacht.« Manche GenderforscherInnen scheinen gar zu glauben, die »aufregende Vision« (Anne Fausto-Sterling), dass Natur und Kultur keine Widersprüche sind, sondern sich gegenseitig durchdringen, sei in den 90er-Jahren von Judith Butler & Co. erfunden worden. Dabei ist das einzig wirklich Neue der letzten Jahre die nun auch neuropsychologisch gesicherte Erkenntnis, dass die Entwicklung von Körper und Psyche einer *lebenslangen* Wechselwirkung unterliegt. Wir wissen heute noch genauer als vor dreißig Jahren, dass Gene und Gehirn zwar Träger von Dispositionen sind – aber dass das, was dann daraus wird, vor allem Resultat frühkindlicher und lebenslanger Prägungen ist. Das plastische Gehirn befindet sich bis zum Tod eines Menschen in permanenter Entwicklung.

»Die Software des Menschen ist mit der Geburt nicht fertig programmiert, sondern entwickelt sich im Laufe des Lebens weiter«, formulierte es der Bochumer Biopsychologe Markus Hausmann in *ZeitWissen* (1/07): »Soziale, psychologische und biologische Faktoren lassen sich nicht trennen, sie wirken ständig aufeinander ein.« Und die Neurowissenschaftlerin und Psychologin Melissa Hines von der University of Cambridge bestätigte dem *Spiegel* (6/07): »Selbst wenn sich Unterschiede im Gehirn entdecken lassen, heißt dies nicht, dass sie angeboren sind.« Selbst ganz frühe Unterschiede können ganz einfach Resultat sehr früher Prägungen sein.

Mit gleichem Tenor weist der in Zürich lehrende deutsche Hirnforscher Lutz Jäncke die in letzter Zeit verstärkt nachfragenden Journalisten immer wieder auf die Plastizität des menschlichen Gehirns und seine lebenslange Fortentwicklung hin. Auch er vertritt entschieden die Position, dass die Dualität von Angeboren versus Anerzogen sich angesichts des aktuellen Forschungsstandes nicht aufrechterhalten lasse. Und er erinnert daran, dass auch die uns von den Philosophen der Aufklärung suggerierte Dualität von Verstand und Gefühl sich im Licht der neueren Forschung längst verflüchtigt habe. Jäncke: »Auch Ratio und Irratio sind nicht trennbar, sie gehören zusammen.« Das von Feministinnen seit Jahrhunderten zurückgewiesene Konzept vom »weiblichen Gefühl« und »männlichen Verstand« ist heute also auch naturwissenschaftlich nachprüfbar unhaltbar. Dennoch wird immer wieder auch im Namen der Wissenschaft das Gegenteil behauptet.

Forscherinnen wie die deutsche Biologin Sigrid Schmitz, die an der Universität Freiburg hauptberuflich »Genderforschung in Informatik und Naturwissenschaften« betreibt, beklagen schon lange: »Die meisten öffentlichen Studien sind weder neutral noch objektiv, sondern ergebnisorientiert.« Und die amerikanische Professorin für Wissenschaftsgeschichte an der University of California, Donna Haraway, fordert eine »Reflexion des eigenen Standpunktes und der Interessen der Forscher« sowie deren Offenlegung in den Studien. Eigentlich eine Selbstverständlichkeit für jede Forschung, die ernst genommen werden will. Und für einen seriösen Journalismus übrigens nicht minder.

Doch alle diese Erkenntnisse können die AnhängerInnen der Differenz-Ideologie nicht daran hindern, ihre Thesen von den ach so emotionalen Frauen und den rationalen Männern oder den fürsorglichen Frauen und den egoistischen Männern oder den kriegerisch-jagenden Männchen mit ihren friedlich-sammelnden Weibchen emsig weiterzuverbreiten. Dabei ist diese Ideologie von den sich ergänzenden Hälften sogar relativ neu, das heißt erst runde zweihundert Jahre alt. So belegt zum Beispiel der deutsch-amerikanische Historiker Thomas Laqueur in seinem Buch »Auf den Leib geschrieben – die

Inszenierung der Geschlechter von der Antike bis Freud« (1990), dass der heute als so natur- beziehungsweise gottgegeben dargestellte Geschlechtscharakter überhaupt erst im 18. Jahrhundert erfunden wurde. Bis dahin waren Frauen ganz einfach mindere Männer; Teil des Hausstandes der Patriarchen, ganz wie Kinder, Leibeigene und Tiere.

Die verschleiernde Theorie von der »Gleichwertigkeit in der Andersartigkeit« machten erst die Verkünder der Gleichheit aller Menschen möglich. Laqueur: »Die Französische Revolution förderte indirekt die Entwicklung der Zwei-Geschlechter-Theorie. Denn wenn alle Menschen gleich waren, warum dann nicht auch die Frauen? Da kam ein körperlich begründeter Geschlechtsunterschied gerade recht, um die Vorherrschaft aufrechtzuerhalten.« Napoléon, der Kaiser der Revolution, antwortete auf die Frage, warum gerade er, der Befreier der Völker, gegen die Befreiung der Sklaven sei, schlicht: Parce que je suis blanc (Weil ich weiß bin). Um es also mit dem kleinen großen Feldherrn zu sagen: Weil ich ein Mann bin.

Im 19. Jahrhundert, das dank der industriellen Revolution die Arbeitskraft der bürgerlichen Frauen freisetzte, erlangte sodann die »Weiblichkeit« und die mit ihr untrennbar verbundene »Mütterlichkeit« ihre volle Blüte. Aufgeklärte Humanisten und Feministinnen hatten die Theorie von den zwei Hälften allerdings nie hingenommen. Für Männer wie den Franzosen Henri de Saint Simon (1760–1825), den Deutschen Theodor Gottlieb von Hippel (1741–1796) oder den Engländer John Stuart Mill (1806–1873) waren Frauen selbstverständlich ebenbürtig. Eine Frau wie Christine de Pizan (1365–1430) setzte der Minderwertigkeit der Frauen schon im 15. Jahrhundert in den berühmten »Querelles des femmes« ihren Verstand entgegen; Olympe de Gouges (1748–1793) ging für die Gleichheit und ihre »Deklaration der Frauenrechte« (parallel zu der der Menschenrechte) aufs Schafott; und die Radikalen der historischen Frauenbewegung von Mitte des 19. Jahrhunderts bis zum Ersten Weltkrieg sowie der Neuen Frauenbewegung ab Anfang der 70er-Jahre wurden nie müde, die desaströsen Folgen der Teilung des Menschen in Herz oder Verstand aufzuzeigen. Und zwar desaströs für Frauen wie Männer.

Doch auch die Freunde des kleinen Unterschiedes schliefen nicht. So veröffentlichte der Militärarzt (!) und Neurologe Paul Julius Möbius in Reaktion auf die Frauenrechtlerinnen anno 1900 seine Schrift »Über den physiologischen Schwachsinn des Weibes«. Die Frauenrechtlerinnen antworteten dem viel gelesenen Möbius spöttisch, allen voran die brillante Hedwig Dohm: »Nachdem der schöne alte Herr Möbius dem Weibe die lange Liste ihrer tierähnlichen Qualitäten entrollt hat, setzt er mit goldiger Naivität hinzu: ›Sehen wir uns auch genötigt, das normale Weib für schwachsinnig zu erklären, so ist damit doch nichts zum Nachteil des Weibes gesagt.‹ Kleiner Schäker!«

75 Jahre nach Möbius erschien das Buch »Sociobiology: The New Synthesis« des amerikanischen Insektenforschers (!) Edward O. Wilson, die Bibel der Soziobiologen. Nach eigenem Selbstverständnis beruht die Soziobiologie zentral auf dem Unterschied zwischen Mann und Frau, geht jedoch grundsätzlich von einer irreversiblen »Natur des Menschen« aus und bürstet darum Homosexuelle (»Gehirnschaden«) und Schwarze (»weniger intelligent geboren«) gleich mit ab. Soziobiologen wie der Zoologe Wilson untermauern ihre Behauptungen gerne mit Experimenten mit Ratten, Graugänsen oder Berglemmingen. Wilsons Grundprämisse: »In der Jäger- und Sammlergesellschaft jagen die Männer, und die Frauen bleiben zu Hause. Und bis heute fühlt sich die Frau fast auf der ganzen Welt mehr zur Kinderpflege hingezogen, während der Mann seine größte Befriedigung aus der Arbeit zieht.«

Töne, über die sich nun längst nicht alle Feministinnen aufregten. Im Gegenteil: Teile der Neuen Frauenbewegung propagierten selbst mit Inbrunst die sogenannte »neue Weiblichkeit« im Verbund mit der »neuen Mütterlichkeit«. Dem Rückschlag von außen war die Aufweichung von innen vorausgeeilt. Bereits Mitte der 70er, also nur wenige Jahre nach ihrem Aufbruch, war die Frauen-gemeinsam-sind-stark-Front in sich zusammengebrochen. Ein großer Teil der aktiven Feministinnen kokettierte nun, besonders in Deutschland, mit dem »Anderssein« von Frauen; irgendwie, irgendwo von Natur aus oder via irreversible Konditionierung. Ganz wie in der alten Frauenbewegung um die Jahrhundertwende – wo hie die biologistischen Befürworterinnen einer »Natur der Frau« und da die antibiologistischen Befürworterinnen der Gleichheit sich entzweiten – brach dieser Konflikt nun auch innerhalb der Neuen Frauenbewegung auf.

Die sogenannten Differenzialistinnen priesen das Emotionale, Mystische, Friedliche des ewig Weiblichen – und verbuchten Ratio und Destruktion als »typisch männlich«. Sie schrieben »mit dem Körper«, zelebrierten die »neue Innerlichkeit« (von Spöttern auch »neue Weinerlichkeit« genannt) und drifteten zu weiten Teilen ins Esoterische ab.

Die »Andersartigkeit«, die sich die Patriarchen einst zur Bemäntelung ihrer These von der weiblichen Minderwertigkeit hatten einfallen lassen, wurde also nun von Frauen selbst reklamiert – und das auch noch im Namen des Feminismus. Eines der zentralen Foren des feministischen Biologismus Ende der 70er-, Anfang der 80er-Jahre war die Zeitschrift *Courage*. Im Zuge der sogenannten »Frauenfriedensbewegung« schrieb 1981 eine gewisse Meo Hellriegel-Rentzel wörtlich in *Courage*: »Noch setze ich auf die Biologie. Gehe von unserem genetischen Programm aus.« Das war ein Jahr vor Thatchers so überflüssigem Falklandkrieg gegen Argentinien, der fast tausend Menschen das Leben kostete, angezettelt von einer wenig friedlichen Staatschefin.

Zu den Anhängerinnen der »neuen Weiblichkeit« gesellten sich, zur Begeisterung der Machos, sodann die offenen Gegnerinnen des Feminismus; man denke nur an meine Fernsehduelle mit der über die Sache schreibenden Esther Vilar (1975) oder der ihre Sache verkörpernden Verona Feldbusch (2001). Vilar tönte damals: »Wie ist es nur möglich, dass die Männer nicht bemerken, dass an den Frauen außer zwei Brüsten und ein paar Lochkarten mit dummen stereotypen Redensarten nichts, aber auch wirklich nichts ist.« Zu der Zeit waren Männer sich für so platte Töne schon längst zu schade, dafür hatten – und haben – sie ihre Anti-Feministinnen vom Dienst.

Auch bei dem aktuellen Kulturkampf um Kinder & Körper spielen wieder Frauen auf der Pascha-Seite mit. Es sind Frauen wie Männer, die Bücher über die »Jungen-Katastrophe« und »Krise der Männlichkeit« oder die »neue Weiblichkeit«, das »Anderssein von Frauen« und das »S-Gehirn und E-Gehirn« veröffentlichen. Gleichzeitig allerdings fällt auf – und das ist neu –, dass auch Frauen wagen, dieser Art von pseudowissenschaftlichen Anti-Gleichheits-Propaganda mit Fakten entgegenzutreten.

Recht vergänglich war der Medienrummel im Herbst 2006 um das Buch der Ex-TV-Moderatorin Eva Herman und ihrer Co-Autorin, der *Cicero*-Redakteurin Christine Eichel; nicht zuletzt, weil diesmal die Frauen nicht mitgespielt, sondern quasi kollektiv den Daumen nach unten gehalten haben. Das Traktat spekulierte auf die Überforderung der Frauen (durch die in der Tat zynische Alles-ist-möglich-Propaganda) und die Gereiztheit der Männer (durch den real anstehenden Verlust von Privilegien). Das Autorinnen-Duo griff dann jedoch ein paar

Klafter zu tief in die Kiste. Am Beispiel von Simone, Heike, Elfi und Birgit beklagten die beiden über 250 Seiten, was die »meist unverheirateten Feministinnen« angerichtet hätten: nämlich die armen normalen Frauen dazu verführt, »zu vergessen, dass wir Frauen sind«. Mit wahrhaft finsteren Folgen.

Die Männer werden »unhöflich«, und die Frauen kriegen Haarausfall (Herman: »Mir fielen die Haare büschelweise aus. Ich war auf dem besten Weg zu vermännlichen«). Die Lage scheint in der Tat dramatisch in Evas Welt: »Nie in der Menschheitsgeschichte haben die Männer freiwillig Hausarbeiten verrichtet oder gar Kinder aufgezogen, aufgrund ihrer Veranlagung sind sie auch gar nicht dafür vorgesehen«, erklären die beiden späten Mütter (beide haben mit Ende 30 ein Kind bekommen).

Versteht sich, dass ich in dem Traktat die Rolle der Buhfrau der Nation zugewiesen bekomme, diesmal als »schwarze Feministin«. Aber verwunderlich ist dann doch, dass die meistzitierte Publikation auch im »Eva-Prinzip« nicht etwa EMMA oder eins meiner zahlreichen Bücher aus den letzten Jahren, sondern der vor 32 Jahren erschienene »Kleine Unterschied« ist. Warum? Weil es darin zentral um das heiße Thema Sexualität & Liebe geht.

Wem die deutsche Spielart der biologistisch argumentierenden Gleichheits-GegnerInnen dann doch zu platt ist, der kann auch zu dem als »amerikanischer Bestseller« angekündigten Buch von Louanne Brizendine »Das weibliche Gehirn – warum Frauen anders sind als Männer« greifen. Die Frau ist immerhin Neuropsychiaterin, hat in Yale studiert, in Harvard gelehrt und bezeichnet sich selbst als »Feministin« – was in Amerika die Glaubwürdigkeit bei Äußerungen von Frauen zur Geschlechterfrage zu heben scheint.

Brizendine erklärt, laut Klappentext, »endlich, warum Frauen sind, wie sie sind«. Der Grund: der weibliche »Liebestrieb«

und die Hormone, die unser weibliches Gehirn »fluten« und »steuern«. Das beginnt laut Brizendine beim weiblichen Baby, das angeblich öfter Blickkontakt zur Mutter sucht als das männliche, geht weiter über das »Mutterhirn«, das ... undsoweiterundsofort. »Sie fantasiert«, kommentiert die Neurologin Melissa Hines von der University of Cambridge knapp; Yale hin, Harvard her. Und das renommierte Fachblatt *Nature* klassifiziert diese ganze Art der Einteilung der Geschlechter in »Denkende oder Fühlende« grundsätzlich als »fundamental unbiologisch«.

Denn auch von den Hormonen ist bisher nur eines bewiesen: dass das weibliche Hormon Östrogen in der siebten Woche die Differenzierung des ursprünglich weiblichen Fötus in männlich oder weiblich auslöst. Darüber hinaus: Fehlmeldung. Und ein »Liebes- oder Sexualtrieb« existiert schon gar nicht.

Auf die Hormone beruft sich auch der neuerdings viel zitierte englische Psychologe und Autismusforscher Simon Baren-Cohen. Er ist der stolze Erfinder des »S-Gehirns« und »E-Gehirns«: Das S-Gehirn ist männlich, denn »Männer interessieren sich mehr für Systeme«; das E-Gehirn ist weiblich, »denn Frauen interessieren sich eher für Emotionen«. Sicher, da gäbe es auch schon mal Ausnahmen, aber in der Regel, so der Harvard-Professor, sorgten die Hormone schon für die richtige Weichenstellung. Beweise für diese These? Null – sehen wir einmal ab von den in der Tat unterschiedlich akzentuierten Eigenschaften bei der Mehrheit der Frauen und Männer. Doch über die Ursachen dafür legt uns Baren-Cohen bisher nicht einen fundierten Beweis vor.

Da die Geschlechterrollen auf dem Primat der Heterosexualität basieren, ist es nicht überraschend, dass auch die Hetero- und Homosexualität verstärkt Gegenstand biologistischer Interpretationen sind. Doch die Definition als »heterosexuell« beziehungsweise »homosexuell« wurde überhaupt erst im 19. Jahrhundert erfunden. Vorher definierte die sexuelle Betätigung den Menschen nicht. Und bereits in der ersten Hälfte des 20. Jahrhunderts gingen Psychoanalyse und Sexualforschung selbstverständlich von einer kulturellen »Zwangsheterosexualität« aus (ein Begriff, den Freuds Kollege Sándor Ferenczi prägte). Für die Aufklärer unter den Therapeuten und Forschern war und ist es klar, dass der Mensch ursprünglich eine »polymorphe Sexualität« (Sigmund Freud) hat, die nicht festgelegt ist, und dass die vorherrschende Heterosexualität ein Resultat der kulturellen Priorität ist.

Der Vater der Sexualforschung, Alfred Kinsey, schrieb in seinem Report über »Das sexuelle Verhalten der Frauen« (erschienen 1953): »Man kann gar nicht oft genug betonen, dass das Verhalten eines jeden Lebewesens von der Art des Reizes, der es trifft, von seinen anatomischen und physiologischen Fähigkeiten, seinen früheren Erfahrungen abhängig ist. Es ist uns in der Anatomie oder Physiologie der sexuellen Reaktion und des Orgasmus nicht bekannt geworden, wodurch sich onanistische, heterosexuelle und homosexuelle Reaktionen unterscheiden. Die Ausdrücke sind nur deshalb von Wert, weil sie die Quelle des sexuellen Anreizes angeben, sollten aber nicht zur Charakterisierung der Personen verwendet werden, die auf die jeweiligen Reize reagieren. Unser Denken wäre klarer, wenn die Ausdrücke vollständig aus unserem Wortschatz verschwänden.«

Seither ist unser Denken eher unklarer geworden. Denn bedauerlicherweise ist der Anspruch der Befreiung der Sexualität irgendwann in den 80ern, 90ern auf der Strecke geblieben. Die Homoehe hat zwar enorm beigetragen zur Akzeptanz homosexueller Lebensformen, aber auch dazu, dass es nun statt einer Schublade zwei gibt: Neben der Schublade »hetero«

steht heute die Schublade »homo«. Mensch ist hetero oder homo – dazwischen gibt es nichts. Entsprechend haben biologistische Homo-Theorien wieder Hochkonjunktur. So will zum Beispiel der amerikanische Genforscher Dean Hamer Mitte der 90er-Jahre gar ein »Homo-Gen« entdeckt haben – er hatte es angeblich bei der Familienforschung zu 30 (!) schwulen Brüderpaaren aufgespürt.

Doch es existiert kein Gen, kein Hormon, keine Gehirnzelle, die den Menschen auf Hetero oder Homo programmieren würde. Das Begehren spielt sich im Kopf ab. Und die Herausbildung der Lust ist Teil der sexuellen Identität, Resultat eines komplexen psychodynamischen Prozesses. Rein biologisch gesehen ist die menschliche Sexualität nicht festgelegt, kulturell gesehen allerdings schon. Und die Homosexualität ist sozusagen die Verweigerung des heterosexuellen Gebotes, also die andere Seite der Medaille.

Irgendwann in den 90ern, als es nur noch um Akzeptanz ging, schwenkten auch weite Teile der Homobewegung auf die Angeboren-These ein. Und heute scheint es – trotz allen Kokettierens mit der Metrosexualität – wieder nur zwei Möglichkeiten zu geben: homo oder hetero?! Aber wann ist ein Mensch homosexuell? Ist es der verheiratete Familienvater, der sich in der Mittagspause in den schwulen Park schleicht? Ist es die Familienmutter, die im Traum einen Orgasmus mit einer Frau hat? Sind es die 23 Prozent der 1996 befragten deutschen Studentinnen, die sich selber als nicht »ausschließlich«, sondern als »vorwiegend heterosexuell« einstuften und angaben, dass sie »Frauen manchmal sexuell attraktiv« fänden? (Dieselben Studentinnen stuften sich zu je zwei Prozent als homo- beziehungsweise bisexuell ein.)

Der Sexualtherapeut Gunter Schmidt, früher Hamburger Institut für Sexualforschung, stellt fest: »Einem hoch entwickelten Lebewesen wie dem Menschen entspricht es eigentlich gar nicht, seine Partnerwahl in erster Linie nach dem Geschlecht zu richten. Es ist doch nur logisch, wenn dabei mehr und mehr Kriterien eine Rolle spielen, die uns viel angemessener sind: die Ausstrahlung, die Interessen und Charakterzüge eines Menschen – und zwar ganz unabhängig vom Geschlecht.«

So weit die Utopie. Die Praxis ist leider noch nicht ganz so frei. Denn die sexuelle Identität ist eng verbunden mit der sozialen Geschlechterrolle. Und diese Geschlechterrollen sind real nicht nur weiterhin stark polarisiert, sondern haben auch nach außen einen unterschiedlichen gesellschaftlichen Stellenwert. Das heißt, ein bisexuell lebender Mensch begibt sich und seine Hetero/Homo-Beziehungen zwangsläufig in eine Schieflage, weil die heterosexuelle Beziehung immer eine gesellschaftlich größere Akzeptanz haben wird als die homosexuelle. Was zum Problem werden kann. Denn es dominiert weiterhin die Heterosexualität, auch in der gesellschaftlichen Akzeptanz.

Etwa fünf Prozent aller Menschen der westlichen Welt empfinden sich heute als homosexuell, wobei die Anzahl der Männer leicht über der der Frauen liegt. Die deutsche Aids-Enquete ging 1997 von 4–5 Prozent männlichen und 3–4 Prozent weiblichen Homosexuellen aus. Die Erfahrungen allerdings zeigen, dass der Grad der jeweiligen hetero- beziehungsweise homosexuellen »Dringlichkeit« variiert, er kann von 99:1 bis 50:50 gehen. So gibt es Frauen und Männer, die ihr Leben lang ausschließlich homosexuelle Kontakte haben – wenn auch vielleicht so manches Mal andere Träume –, und andere, die je nach Lebensphase gewechselt haben oder gar durchgängig switchen. Dabei spielen kultureller Kontext und individuelles Selbstbewusstsein eine Rolle; vor allem bei der weiblichen Homosexualität, die ja immer – egal ob bewusst oder unbewusst – auch einen Verstoß gegen die Geschlechterordnung impliziert. So bezeichneten sich zum Beispiel bei den in dem Kinsey-Nachfolge-Report »Sexwende« veröffentlichten repräsentativen Erhebungen in den 90ern Frauen mit College-Abschluss achtmal so häufig als »homosexuell« wie solche ohne.

SexualwissenschaftlerInnen sprechen heute von einem »erotischen Kontinuum«. Eine deutsche Studie belegt, dass Männer stärker in der Jugend zu homosexuellen Kontakten neigen und Frauen eher im Alter. Eine Erklärung könnte sein, dass Männer, solange sie jung sind, noch nicht so festgelegt sind in ihrer »männlichen« Identität, Frauen hingegen sich dem Gebot der Heterosexualität zunächst nicht so leicht zu entziehen wagen und gelebte Homosexualität erst nach Erfüllung ihrer »Frauenpflichten« in Erwägung ziehen – oder aber überhaupt erst nach diesen Erfahrungen darauf kommen.

Rein biologisch gesehen allerdings sind auch im sexuellen Bereich die Unterschiede zwischen den Geschlechtern eher gering und die Parallelen überwältigend. Körperliche Gegebenheiten und orgastische Abläufe sind bei Frauen und Männern quasi identisch. Genauer gesagt: Am Anfang ist das Weib. Erst nach der siebten Woche differenziert das Geschlechtshormon Östrogen den Embryo in Weiblich oder Männlich. »Embryologisch gesehen ist es durchaus richtig, im Penis eine wuchernde Klitoris, im Skrotum (Hodensack) eine übertrieben große Schamlippe, in der weiblichen Libido die ursprüngliche zu sehen«, schreibt die amerikanische Sexualwissenschaftlerin Mary Jane Sherfey in »Die Potenz der Frau« (1973). »Die moderne Embryologie müsste für alle Säugetiere den Adam-und-Eva-Mythos umdrehen.«

Nun soll der Phallus-Kult nicht durch einen Klitoris-Kult ersetzt werden. Doch sind die Sexualorgane in der Tat ursprünglich weiblich, man kann sich die Weiterentwicklung einfachheitshalber so vorstellen: Was beim Mann nach außen gestülpt ist, ist bei der Frau sozusagen nach innen gestülpt. Dem Penis mit der Eichel entspricht die Klitoris mit den Schamlippen, dem Scheidenvorhof und den Schwellkörpern. Diese weiblichen Schwellkörper reichen bis zu neun Zentimeter tief in den Körper einer Frau – was in etwa dem Penis außerhalb des Körpers des Mannes entspricht. Das Zentrum der weiblichen Sexualorgane ist nicht die Vagina – die ist der Zeugungskanal –, sondern die Klitoris. Sie hat mit rund 8000 doppelt so viele Nervenfasern wie der Penis.

Sherfey: »Es gibt keinen von einem klitoridalen unterschiedlichen vaginalen Orgasmus. Das Wesen des Orgasmus bleibt dasselbe, unabhängig von der erogenen Zone, deren Reizung ihn verursacht hat.« Dennoch begründet der Mythos des vaginalen Orgasmus die Vorrangigkeit der Heterosexualität. Dabei ist die Penetration zwar für das Zeugen von Kindern unerlässlich, für das Zeugen von Lust jedoch oft eher hinderlich. Allerdings: Auch hier geht Kultur vor Natur. Die orgastischen Abläufe manifestieren sich zwar in den Sexualorganen, doch das Zentrum der Lust ist das Gehirn. Und auch in der Sexualität gilt: Anerzogenes wiegt schwerer als Angeborenes beziehungsweise durchdringt sich wechselseitig.

So geht das Spiel nun also seit fast zweihundert Jahren, seit einschlägig Interessierte zur Rechtfertigung der sozialen und sexuellen Geschlechtsrollen dem biologischen Geschlechtsunterschied nachspüren. Doch schaut man genau hin, kommt immer wieder nur das überwältigende Ausmaß einer ursprünglichen Gleichheit der Geschlechter ans Licht – und verschwindet der Unterschied im Nebel der Ungewissheit. Selbst vom Steinzeitjäger und seiner Beerensammlerin müssen wir uns wohl verabschieden. 2006 vermeldeten die Medien: Zahlreiche Funde der neueren Zeit sprechen eher für eine Teilnahme der Frauen an der Jagd, während der Nachwuchs vom zurückbleibenden Rest der

Gruppe versorgt wurde, von Alten oder Fußlahmen. Leuchtet ja auch ein. Als hätten die Steinzeitmenschen sich das Brachliegen einsetzbarer Kräfte erlauben können.

ZeitWissen machte sich den Spaß, in einer Geschichte mit dem hübschen Titel »Frauen sind auch nur Männer« alle gängigen Klischees aufzulisten, von den aggressiven und rationalen Männern bis hin zu den geschwätzigen und orientierungslosen Frauen, und siehe da: Kein einziges der kursierenden Vorurteile konnte bisher wissenschaftlich untermauert werden. Entweder es existiert überhaupt keine Studie zu den Thesen, oder aber es gibt nur nicht repräsentative Untersuchungen mit einer Handvoll ProbandInnen.

So wie die des Ehepaares Shaywitz, die im Jahre 1995 an 19 (!) Frauen die unterschiedliche Aktivierung der Hirnhälften der Geschlechter untersuchten. Trotz der viel kritisierten Unwissenschaftlichkeit der Studie ist sie eine der bis heute in den Medien meistzitierten: als Beweis für die geschlechtsspezifisch unterschiedliche Verarbeitung von Sprache.

Seltener zitiert werden Studien wie die an der British Colombia University in Vancouver von Steven Heine und Ilan Dar-Nimrod über die Wirkung von Vorurteilen. Am Beispiel von 203 Probandinnen belegen die Wissenschaftler, wie sich Beeinflussung auf Fähigkeiten auswirkt. Die erste Gruppe bekam einen Text darüber zu lesen, dass Frauen aufgrund ihrer Veranlagung weniger begabt in Mathematik seien. Den Frauen der zweiten Gruppe wurde suggeriert, Frauen seien in Mathematik schlechter als Männer, allerdings wegen geringerer Förderung. Die dritte Gruppe bekam einen Text, in dem es hieß, Frauen seien in Mathematik genauso gut wie Männer – mit dem Ergebnis, dass diese Gruppe bei den anschließend zu lösenden Mathe-Aufgaben bedeutend besser abschnitt als die beiden ersten Gruppen.

Auch die aktuelle Placebo-Forschung zeigt, wie direkt und tief greifend die Wirkung von Konditionierung und Suggestion sein kann. Wissenschaftler fanden heraus, dass die Scheinpräparate – die trotz Verbots auch in Deutschland von jedem zweiten Arzt von Fall zu Fall verabreicht werden – genauso wirken können wie echte Präparate. Das Spannende dabei ist, dass die Scheinpräparate sich nicht nur auf die Psyche der Menschen auswirken, sondern auch auf deren Körper. Placebos können nachweisbar positive körperliche Reaktionen auslösen, zum Beispiel bei Schmerzpatienten oder Parkinson-Erkrankten. Entscheidend ist dabei die Erwartung der PatientInnen sowie die Suggestivkraft der ÄrztInnen. Es gibt eben keine Trennung zwischen Körper und Seele – so wenig wie zwischen Gefühl und Verstand. Wie unterschiedlich der Blick auf einen Menschen und die Wertung seiner Handlungen je nach unterstelltem Geschlecht sein kann, zeigt auch eine kleine Episode, die der amerikanische Neurobiologe Ben Barres berichtete. Er ist den umgekehrten Weg gegangen wie Bruce Reimer, hat im Alter von 41 Jahren vom Frausein zum Mannsein gewechselt. Nach diesem Personenstandswechsel hörte Barres, wie Studenten nach einer seiner Vorlesungen an der University of Stanford sagten: »Der Bruder von der Barres macht das echt viel besser als sie.« – Doch »sie«, das war er selbst.

Die Zahl der Menschen jedoch, die – dank der heute existierenden medizinischen sowie rechtlichen Möglichkeiten – wirklich von einem Geschlecht ins andere wechseln, bleibt relativ gering. Die Mehrheit der Menschen verweigert sich nicht grundsätzlich, sondern passt weiterhin sexuelle Identität und Geschlechterrolle dem biologischen Geschlecht an, mal mehr und mal weniger. Denn starke Abweichungen werden sanktioniert, vor allem bei Frauen. Dank Feminismus ist ein Schuss »Weiblichkeit« bei Männern heutzutage nicht nur erlaubt, sondern sogar willkommen: etwas mehr Gefühl, der Sonntag für die Kinder, und auch schon mal Kajal um die Augen oder ein Ring im Ohr – das gilt als cool. Der Griff von Frauen zur »Männlichkeit« jedoch wird weiterhin prompt abgestraft. Die psychologischen Standards, die als Kriterium für »Weiblichkeit« oder »Männlichkeit« gelten, sind seit Jahrzehnten weltweit relativ unerschüttert. Ein Verhalten zum Beispiel, das bei Männern als »durchsetzungsfähig« gilt, ist bei Frauen »eiskalt« (die geht über Leichen). Und wenn eine Frau in Debatten präsent ist, ist sie gleich »dominant«, also »männlich«; ein Mann aber gilt in dem Falle als eloquent etc.

Richtig ist, dass die Mehrheit der Menschen heute »Frauen« oder »Männer« *sind*. Die meisten weiblichen Menschen sind emotionaler und die meisten männlichen Menschen rationaler als das jeweils andere Geschlecht; oder auch menschenorientierter beziehungsweise sachorientierter; oder auch einfühlsamer beziehungsweise autistischer. Doch das heißt nicht, dass wir es jeweils ausschließlich sind – und es heißt schon gar nicht, dass wir es bleiben müssen. Denn diese Polarisierung hat bisher weder den Frauen noch den Männern gutgetan.

Allerdings dürfen wir diese Prägungen auch nicht verleugnen – wir würden sonst unsere Wurzeln kappen und unauthentisch werden. So wie manche Frauen, die in die Männerwelt gehen und versuchen zu vergessen, dass sie Frauen sind. Sie werden, was auch immer sie tun, immer nur halbe Männer sein – doch ihr Frausein verloren haben. Die Frauen von heute machen also eine Gratwanderung: zwischen herkömmlicher Verwurzelung und zukünftiger Freiheit. Wie er sein könnte, dieser von den biologistischen und religiösen Fundamentalisten so gefürchtete neue Mensch, das ist noch offen.

3

Im Namen des Propheten

19. März 1979. Vor 46 Tagen hat der aus dem Pariser Exil eingeflogene Ayatollah Khomeini den Schah als »Büttel Amerikas« außer Landes gejagt und die Macht im Iran ergriffen. Und nun stehen wir, 17 Europäerinnen – 15 Französinnen, eine Italienerin und ich, die Deutsche – sowie eine Ägypterin, hier auf dem Flughafen von Teheran. Wir sind dem Hilferuf von Perserinnen gefolgt, die in den letzten Tagen zu Zehntausenden auf die Straße gegangen waren mit Parolen wie: »Wir sind Iranerinnen und lassen uns nicht länger in Ketten legen!« Oder: »Ohne die Frauenbefreiung ist die Revolution sinnlos!«

Bereits in den ersten Tagen des neuen Regimes war Richterinnen Berufsverbot erteilt worden und galt das Wort einer Zeugin vor Gericht nur noch die Hälfte vom Wort eines Mannes. Und ausgerechnet am 8. März, dem Internationalen Frauentag, wurden Tausende von weiblichen Angestellten nach Hause geschickt mit der Order: »Zieht euch erst mal anständig an, statt so nackt rumzulaufen!« Nackt, das meinte: ohne Kopftuch beziehungsweise Tschador, den Ganzkörperschleier.

Dennoch, es waren die Tage, in denen fast alle im Iran, auch die Frauen, noch an Khomeini glaubten. Selbst überzeugte Feministinnen versicherten uns: »Wir verehren Khomeini alle sehr für das, was er für den Iran getan hat.« Und es waren drei wirklich aufregende, tief bewegende Tage. Doch zurück in Deutschland schrieb ich: »Sie werden alle betrogen werden. Fahrideh und ihre Schwestern waren gut genug, um für die Freiheit zu sterben. Sie werden nicht gut genug sein, in Freiheit zu leben.« Was meine Vorstellungskraft damals dennoch überstieg, war, dass der Iran zur Keimzelle eines internationalen islamistischen Kreuzzuges werden, auch die westliche Welt infiltrieren und mir zwanzig Jahre später mitten in Köln eine Frau im Tschador begegnen würde. Und was ich auch nicht ahnen konnte: dass der Versuch der Aufklärung über die Gefahr der Politisierung des Islams einer meiner härtesten Kämpfe werden würde.

Doch erst einmal stehen wir am Teheraner Flughafen und sind nicht sicher, ob wir überhaupt ins Land gelassen werden. Nach einer Stunde der Unklarheit plötzlich die überraschende Mitteilung: Die neuen Machthaber sind einverstanden, ja, das selbst ernannte »Komitee zur Verteidigung der Rechte der Frauen« darf einreisen. Jenseits der Schranke empfangen uns erstaunte Auslandskorrespondenten. Sie hatten nicht damit gerechnet, uns wirklich zu sehen zu kriegen.

Der Flughafenvorplatz wimmelt von Menschen, dominiert von strahlenden, bärtigen jungen Männern mit Blumen auf den Läufen ihrer Kalaschnikows. Sie lachen und winken uns zu. In den kommenden Tagen werden unsere neuen, bewaffneten Freunde auch im Hotel an unserer Seite sein. Und wir haben das Gefühl, dass sie uns nicht nur beschützen, sondern auch bewachen.

In diesen drei Tagen sprechen wir mit allen wichtigen neuen und zukünftigen Machthabern Irans: vom Ministerpräsidenten Bazargan (der wenig später mit seiner Frau ins Exil nach Frankreich flüchtete), über die Führerinnen der Islamischen

Frauenunion (von denen zahlreiche bald ins Gefängnis geworfen oder von den »Revolutionswächtern« ermordet werden) bis hin zu Ayatollah Taleghani und Khomeini persönlich. Doch nur drei von uns 18 pilgern zum Revolutionsführer nach Chom, wo der Staatschef die westlichen Journalistinnen acht Stunden auf eine Drei-Minuten-Audienz warten lässt – die anderen, darunter ich, weigern sich wegen der Kopftuchpflicht für die »heilige Stadt«. Denn das war in den allerersten Tagen bereits klar: Das Kopftuch ist das Symbol, die Flagge der Islamisten.

In diesen Tagen in Teheran habe ich alles begriffen. Was nicht schwer war. Denn die neuen Machthaber und ihre GehilfInnen machten kein Geheimnis aus ihren Absichten, ganz wie anno 1933 die Nationalsozialisten. Ja, natürlich, Aufbau eines Gottesstaates; selbstverständlich Einführung der Scharia; ja, doch, Steinigung bei Homosexualität oder Ehebruch (der Frauen), das steht nun mal so in der Scharia. Das alles teilten uns die Führerinnen der Frauenunion mit (auch »Union der Töchter« genannt, weil in ihr die Töchter der religiösen Führer das Sagen hatten, wie Azem, die Tochter von Ayatollah Taleghani). Und dabei lächelten sie freundlich. Fast alle hatten in Europa studiert, die meisten, wie die Ärztin Tahez Labaf, in Frankreich. Entsprechend häufig zitierte Tahez Sartre zur Untermauerung ihrer politischen Visionen. Ja, sie versuchte sogar, mithilfe des Existenzialismus die Polygamie zu verteidigen.

Einige von uns waren sprachlos vor Entsetzen, andere versuchten noch zu verstehen: Ging es hier um die Ablehnung der als »westlich« diskreditierten Werte – und die Suche nach einer »islamischen Identität«?

Zwischen den offiziellen Audienzen trafen wir heimlich – doch vermutlich bestens beschattet – in Wohnungen die Feministinnen, die uns gerufen hatten. Zum Beispiel die wild-lockige Kateh in Jeans, die aus dem amerikanischen Exil zurückgekehrt war; oder auch die liebenswürdige Farideh aus der Frauenunion, die schon in Frankreich demonstrativ den Tschador getragen hatte und sehr genau Bescheid wusste über meinen Kampf gegen die Pornografie. Da müsste ich doch auch verstehen, dass sie sich verschleiert, oder? – Ob Kateh und Farideh wohl noch immer im Iran sind? Ob sie überhaupt noch leben?

Viele der Frauen und auch etliche der Männer, denen wir in diesen drei bewegten Tagen begegnet sind, lebten wenige Monate oder Jahre später schon nicht mehr: gefressen von der eigenen Revolution. Der Tschador, den die meisten von ihnen bei Demonstrationen gegen den Schah noch aus Protest getragen hatten (und um darunter die Waffen zu verstecken), wurde den Frauen bald, wenn er verrutschte, von den patrouillierenden »Revolutionswärtern« mit Nägeln in den Kopf geschlagen. Und dennoch schien keine am Anfang die Gefahr erkannt zu haben – obwohl sie doch so offensichtlich war.

Zurück in Deutschland schrieb ich auf, was ich gesehen und verstanden hatte – und löste damit eine der gehässigsten Mundtot-Kampagnen meines Lebens gegen mich aus. »Schahfreundin« oder »Rassistin«, das waren noch die harmlosesten Beschimpfungen, die mir entgegenschlugen. Eine Flut von Artikeln, ja ganze Bücher wurden in dieser Sache gegen mich geschrieben, Seminare abgehalten und sogar die EMMA-Redaktionsräume überfallen und verwüstet. Wobei der Protest quasi ausschließlich aus linken und intellektuellen Kreisen kam, häufig auch von Frauen und, allen voran, von Konvertitinnen.

Zum Islam übergetretene KonvertitInnen sind in Deutschland seit Langem führend bei der militanten Durchsetzung für ein »Recht auf das Kopftuch« auch in Schulen. Und auffallend viele männliche Konvertiten leiten heute islamische Organisationen; nicht nur Ayyub Axel Köhler, der Vorsitzende des »Zentralrates der Muslime in Deutschland«. Seit den 90er-Jahren ist außerdem der Versuch einer systematischen Unterwanderung des deutschen Rechtssystems zu beobachten. So kündigte 2001 die *Islamische Religionsgemeinschaft Hessen* einen Vortrag des Erlanger Rechtsprofessors Mathias Rohe mit den Worten an, es solle »gezeigt werden, wie sich eine europäische Scharia konkret entwickelt und weiterentwickeln kann«. Und am 17. Juni 2002 titelte die *Frankfurter Rundschau*: »Scharia sickert durch Hintertür in deutsches Recht ein!« Anlass: Ein Aachener Standesbeamter hatte von einer volljährigen Marokkanerin das schriftliche Einverständnis ihres Vaters zur Eheschließung verlangt. Und bereits damals warnte die Islamwissenschaftlerin und Gerichtsgutachterin Ursula Spuler-Stegemann vor einer dräuenden »Zweigesetzlichkeit in Deutschland« und einem »massiven Angriff auf unser Rechtssystem«.

Da konnte es BeobachterInnen der Szene nicht überraschen, als sechs Jahre später, im März 2007, bekannt wurde, dass eine Frankfurter Amtsrichterin das Gesuch einer Deutsch-Marokkanerin, im Eilverfahren von ihrem gewalttätigen und sie mit dem Tode bedrohenden Ehemann, einem Marokkaner, geschieden zu werden, abwies mit dem schriftlichen Hinweis auf den Koran und Sure 4,34 sowie der Begründung: »Für diesen Kulturkreis ist es nicht unüblich, dass der Mann gegenüber der Frau ein Züchtigungsrecht ausübt. Hiermit musste die in Deutschland geborene Antragstellerin rechnen.«

Die falsche Toleranz und der Kulturrelativismus, die zu der Bereitschaft mancher deutscher RichterInnen führen, zweierlei Recht für Deutsche und »MuslimInnen« anzuwenden, ist leider kein Einzelfall: vom milden Urteil bei Mord wegen der

»Familienehre, über die Akzeptanz von Polygamie bei Migranten« bis hin zur Freistellung vom koedukativen Schwimmunterricht in der Schule der »anderen Sitten« wegen. Der Frankfurter Fall lässt die deutsche Justiz hoffentlich aufhorchen.

Nur zwanzig Jahre nach meinen Tagen in Teheran waren bereits über 100.000 Gotteskrieger aus den islamistischen Trainingslagern in die Welt geströmt: ideologisch ausgerüstet vom Iran, finanziert von den Ölscheichs, trainiert in Afghanistan oder Pakistan – und toleriert, wenn nicht gar gefördert, von Amerika. Die USA hielten es lange für opportun, die frühere Sowjetunion mit dem sogenannten »grünen Gürtel« einzukreisen. Diese islamistischen Gotteskrieger mit dem grünen Stirnband verjagten dann 1989 auch in der Tat die sowjetische Besatzung aus Afghanistan – doch um welchen Preis! Die Taliban terrorisieren bis heute das Land und agitieren an den Grenzen Russlands oder auch mittendrin. Wie in Tschetschenien, wo sie bereits 1993 die Scharia einführten. Oder bei den Moskauer Attentaten 1999 auf Wohnblocks, die mehr als 300 Menschen das Leben kosteten. Oder auch die über 300 Toten unter den Kindern in der Schule von Beslan, in Geiselhaft genommen von tschetschenischen Gotteskriegern. Wobei der Westen es, trotz der Empörung des Kreml, bis heute für opportun hält, immer mal wieder zu raunen, dieses oder jenes Attentat ginge auf das Konto des KGB … Wer so etwas vom 11.9. sagt – der ginge auf das Konto des CIA –, gilt als durchgeknallter Verschwörungstheoretiker. Der Westen misst eben bis heute mit zweierlei Maß bei der Beurteilung des islamischen Terrors. In etlichen Staaten errangen die Islamisten seit Khomeinis Aufbruch die Macht; andere, wie Algerien, erzittern unter ihrer Faust. Über das Einfallstor Balkan strömten die islamistischen Söldner im Kosovokrieg bis ins Herz von Europa. In den 90er-Jahren wurde Italien ihre »logistische Basis«, England ihre »propagandistische Zentrale« und Deutschland die »europäische Drehscheibe des Terrors«. Die mafiös organisierten Islamisten finanzieren das alles mit Petrodollars sowie dem Frauen- und Drogenhandel; ebenso wie ihre soziale Unterwanderung der muslimischen Communities in den westeuropäischen Ländern. Es ist vor allem dieser islamistischen Agitation zu verdanken, dass die dritte Generation der Einwanderer schlechter Deutsch spricht und weniger integriert ist als ihre Eltern. Heute bezeichnen sich 28 Prozent der MuslimInnen in Deutschland als »streng religiös« (2000: 8 Prozent). Und 47 Prozent befürworten das Kopftuch (2000: 27 Prozent). Die Agitation zeitigt also Früchte. Und die orientierungslosen, gewaltbereiten jungen Männer – die heute die überwältigende Mehrheit in der »Höchstrisikogruppe« der kriminellen Jugendlichen ausmachen – hoffen dank der islamistischen Propaganda auf eine Zukunft mit 70 Jungfrauen im Paradies zum Lohn für ihre Verbrechen.

Und die westliche Welt? Sie hat zugesehen, weggeguckt – oder sogar sympathisiert und paktiert. 1985 probten die christlichen und islamischen Fundamentalisten auf der 3. Weltfrauenkonferenz in Nairobi erstmals den Schulterschluss, im Visier die Emanzipation der Frauen. Zehn Jahre später gingen sie auf der Weltfrauenkonferenz in Peking in die Offensive. Und auf der Nachfolgekonferenz im Jahre 2000 in New York trat die Vatikan-Iran-Connection unverhüllt als der entschiedenste Gegner der Frauen auf: gegen Verhütung, gegen das Recht auf Abtreibung und Homosexualität und für Verschleierung und Klitorisverstümmelung. Umso sensationeller der Kurswechsel von Papst Benedikt nur ein Jahr nach Amtsantritt. Im September 2006 plädierte der Papst mit seiner berühmt gewordenen Rede in Regensburg für eine Vereinigung von Vernunft und Glauben und gegen die Gewalt im Namen Gottes oder Allahs. Er hatte seine Stellungnahme in ein historisches Zitat des byzantinischen Kaisers Manuel II. Palaiologos verpackt (»Zeig mir doch, was Mohammed Neues gebracht hat, und da wirst du nur Schlechtes und Inhumanes finden wie dies, dass er vorgeschrieben hat, den Glauben, den er predigte, durch das Schwert zu verbreiten«) – aber es kann kein Zweifel daran bestehen, dass der gelehrte Papst die Provokation sehr gezielt gesetzt hat. Mit Erfolg.

Nach den ersten Aufregungen in einer schon wieder »gekränkten« islamischen Welt – und einigen beklagenswerten Toten – erreichte der deutsche Papst exakt das, was er wollte: nämlich einen *echten* Dialog, nach Jahrzehnten des falschen Dialogs, auch und vor allem mit den Kirchen. In dem US-Magazin *Islamica* antworteten 38 hohe muslimische Gelehrte der Nummer eins der katholischen Kirche. Sie distanzierten sich, erstmals, ebenfalls von der Gewalt und boten einen »ehrlichen Dialog« an. So ermutigt schob der Papst am 22. Dezember 2006 nach. In einer Rede vor der römischen Kurie erklärte er: »Die muslimische Welt befindet sich heute mit großer Dringlichkeit vor einer ähnlichen Aufgabe, wie sie sich den Christen seit der Zeit der Aufklärung (im 18. Jahrhundert) stellt, auf die das Zweite Vatikanische Konzil (1962 bis 1965) als Frucht einer langen mühsamen Suche konkrete Lösungen für die katholische Kirche gefunden hat.« Deutlicher lässt es sich nicht sagen, dass die islamische Welt noch nicht in der Moderne angekommen ist. Bleibt nur zu hoffen, dass die Muslime nicht, wie die Christen, zwei Jahrhunderte brauchen auf diesem Weg.

Inzwischen hat auch die evangelische Kirche nachgezogen. Sie hatte ein Vierteljahrhundert lang eine besonders fragwürdige Rolle bei dem falschen »Dialog« und der falschen Toleranz um jeden Preis gespielt. Auch die Kulturrelativisten, die in Deutschland gerne mit Verweis auf die Fremdenfeindlichkeit der Nazizeit nun die schrankenlose Fremdenliebe proklamieren – was, wie der Philosemitismus, auch nur die andere Seite der Medaille ist –, scheinen inzwischen nachdenklich zu werden. Und die aktuelle Regierung beginnt, endlich, die Weichen anders zu stellen. Es geht den MinisterInnen für Integration, Maria Böhmer im Bund und Armin Laschet in NRW, beim Kampf gegen den Islamismus offensichtlich weder um Dämonisierung aller Muslime noch um die Zurückweisung von MigrantInnen, sondern um eine echte Integration. Endlich. Dazu müssen die Mütter, die der Schlüssel sind zur Integration, Deutsch lernen und die Kinder eine reale Chance in der Schule bekommen; dem Männlichkeitskult der Muslime muss Paroli geboten werden; und es muss der Ghettobildung aktiv entgegengewirkt werden.

In welchem verheerenden Ausmaß und mit welchen wahren Motiven die linke Szene ein Vierteljahrhundert lang zur Relativierung der Menschenrechte und Ignoranz der Frauenunterdrückung im Namen der »Toleranz« beigetragen hatte, harrt noch der Aufarbeitung: vom Jubel des Reporters Kai Hermann 1982 in *konkret* über die sauberen iranischen Gefängnisse, über das jahrzehntelange Verständnis der *taz* für die »islamischen Revolutionäre« bis zum Pro-Kopftuch-Manifest 2003 der grünen Integrationsbeauftragten (ausgerechnet!) Marieluise Beck.

Doch worum geht es eigentlich bei dem Kopftuch-Streit? Um ein Stückchen Stoff? Um Glaubensfragen oder Traditionen? Es gibt Millionen gläubiger Musliminnen auf der ganzen Welt, die kein Kopftuch tragen – ganz zu schweigen von den Nichtgläubigen, die im muslimischen Kulturkreis genauso existieren wie im christlichen. Aber ist das Kopftuch nicht das Gleiche wie das christliche Kreuz oder die jüdische Kippa?

Nein. Weder real noch symbolisch. Kreuz und Kippa behindern weder die Körperfreiheit noch die Sicht, was das Kopftuch stark tut. Denn wir reden hier ja nicht von dem Kopftuch einer anatolischen – oder bayerischen – Bäuerin. Wir reden vom islamischen Kopftuch, das das Haar ganz verdeckt – sonst wäre es haram, Sünde – sowie den Körper mit Hosen plus Mantel verhüllt; oder gleich dem Tschador, dem Ganzkörperschleier. Das islamische Kopftuch raubt den Frauen ihre Individualität und lässt sie alle gleich aussehen. Und es macht aus Frauen und Männern Wesen von zwei unterschiedlichen Sternen, unterscheidet sie noch stärker als die westliche Nutten- und Zuhälter-Mode. Das Kopftuch ist nicht zufällig vom ersten Tag der islamistischen Revolution an zum Symbol, zur Flagge des islamistischen Eroberungszuges geworden. Für einen solchen Kreuzzug stehen im 21. Jahrhundert weder die jüdische Kippa noch das christliche Kreuz.

Im Zentrum des fundamentalistischen Islams standen von Anfang an die Frauen und die Sexualität. Das Weib steht für Körperlichkeit, ergo für Sünde. Und auch für weniger Radikale ist die »Andersartigkeit der Frauen« das Fundament des Islams. Wir kennen das aus dem Christentum, in dessen aufgeklärtem Mainstream ein solches Denken zurzeit überwunden scheint. Obwohl auch da die Fundamentalisten, wie zum Beispiel die Kreationisten, im Kommen sind (das sind Schriftgläubige, die glauben, dass Gott die Welt in sieben Tagen erschaffen hat – sie bekämpfen deshalb die Evolutionslehre). Nicht nur den von den Twin-Tower-Terroristen hinterlassenen Notizen konnten wir entnehmen, welche pathologischen Züge die Sexual- und Frauenfeindlichkeit dieser Fanatiker angenommen hat. Und, dass dahinter immer eine Verunsicherung der »Männlichkeit« steht. Die Parallelen zum Biologismus sind unübersehbar. Der einzige Unterschied ist, dass die Islamisten »die Frau« als Bedrohung wegsperren, die Biologisten sie jedoch als ihre »andere Hälfte« an sich ketten wollen. Beide sind von einem fundamentalen, irreversiblen Wesensunterschied der Geschlechter und deren unterschiedlicher Rolle in der Gesellschaft überzeugt: Für die religiösen Fundamentalisten ist die entrechtete und bevormundete Frau real minderwertig – für die biologistischen Fundamentalisten ist die Frau »gleichwertig« in der angeblichen »Andersartigkeit«.

Die harte und softe Variante laufen allerdings letztendlich auf eins hinaus: Immer geht es um die Unterordnung der Frauen.

Verständlich, dass das internationale Patriarchat – das man sich nicht mit Headquarter und rotem Telefon vorstellen muss – sich nicht so wahnsinnig gestört fühlte, als die Islamisten begannen, ihre nicht selten bereits sehr emanzipierten Frauen zurück unter den Schleier und ins Haus zu zwingen. Im Iran waren die Städterinnen westlich emanzipiert; und im Irak studierten vor dem Krieg mehr Frauen als Männer! Auch so manchem Westler war die Emanzipation der eigenen Frauen ein bisschen zu weit gegangen. Die Möglichkeit zu dem Verweis »Dagegen geht's euch ja noch gold« kam da gerade passend.

Rasch und ungehindert konnten die zunehmend fundamentalistisch unterwanderten islamischen Vereine ein umfassendes Netz in Deutschland aufbauen: von Teestuben, Sportclubs und Kulturvereinen bis zu Koranschulen und Moscheen – bei denen erstaunlicherweise erst in allerjüngster Zeit gefragt wird, was denn da eigentlich so gepredigt wird.

Mich und EMMA hat das Thema Islamismus seit 1979 nicht mehr losgelassen. 1982 forderten wir erstmals politisches Asyl für die Opfer des fundamentalistischen Islams, was bis vor Kurzem als »privat«, ergo »nicht politisch« zurückgewiesen wurde. 1993 veröffentlichte EMMA ihr erstes von vielen Dossiers über die islamistische Agitation »Mitten unter uns«; vom Schleierzwang für Frauen und Unterrichtsverbot für Mädchen bis zu Polygamie und »Ehrenmord« mitten in Deutschland.

Den einzigen physischen Angriff in ihrer oft umtosten Geschichte verdankte EMMA dann deutschen Freundinnen der Fundamentalisten. Am 10. Mai 1994 stürmte ein Dutzend maskierter junger Frauen die Räume der Redaktion, verwüstete die Computer, verteilte Kuhmist auf den Tischen und sprayte auf die frisch renovierten Wände: »EMMA, es reicht!« und »Rassismus«. Auf Flugblättern erklärten sie das Dossier »Mitten unter uns« zu einem der Gründe für ihren Überfall. Die Polizei stellte rasch fest, dass die selbstgerechten Vandalinnen aus der »linksextremen Lesbenszene« kamen – so krumme Wege kann die Verweigerung von Weiblichkeit und Identifikation mit »Männlichkeit« gehen. Und die Polizei wunderte sich, dass die Zerstörung »Spuren der sonst nur bei der PKK üblichen Methoden« trug.

Ich wunderte mich nicht. Denn zu der Zeit war die Kurden-Organisation schon längst von Islamisten unterwandert, wie fast alle linken Organisationen im arabischen und nahöstlichen Raum. Und die linke bis linksradikale Szene in Deutschland hat von Anbeginn an mit den »islamischen Revolutionären« kokettiert. Einige Jahre später trat dann auch noch die rechtsradikale Szene dem Club bei. Männerbünde aller Welt, vereinigt euch! Die Stimmung in Deutschland war in den 80er- und 90er-Jahren mehrheitlich islamistenfreundlich. Gleichzeitig wurden alle Menschen aus dem muslimischen Kulturkreis, egal ob fundamentalistisch oder aufgeklärt, egal ob gläubig oder nicht, vom Westen zu »Muslimen« erklärt. Noch nicht einmal die Warnung des damaligen Verfassungsschutzpräsidenten Peter Frisch (SPD) wurde wahrgenommen. Als er im Herbst 1996 seinen Jahresbericht vorstellte und den islamischen Fundamentalismus als »Sicherheitsproblem Nummer eins für Deutschland« und »größte Gefahr für das 21. Jahrhundert« einstufte, da fragte kein einziger Journalist auch nur nach. Und berichtet wurde schon gar nicht darüber. Deutsche Journalisten schrieben viel lieber über »Neonazis«. Dass hier gerade eine neue Faschismus-Variante, diesmal im Namen Allahs, die Welt beglücken wollte, übersahen sie geflissentlich. Ich befragte Frisch dann für EMMA – und das in der Ausgabe 1/97 erschienene Interview war für lange Zeit das einzige mit dem Verfassungsschutzpräsidenten zu seinem Thema Nummer eins. Das war fünf Jahre vor 9/11.

Zwei Frauen haben Deutschland dann aus seinem Dornröschenschlaf gerissen, zwei Konvertitinnen, sozusagen. Die eine ist wohl vom Christentum zum Islam konvertiert (wenn auch nie explizit eingestanden), die andere vom aufgeklärten zum fundamentalistischen Islam. Die Rede ist von der Orientalistin Annemarie Schimmel und der Lehramtsanwärterin Fereshta Ludin. Am 15. Oktober 1995 verlieh der Börsenverein den »Friedenspreis des deutschen Buchhandels« an die inzwischen verstorbene Schimmel. Auch ein monatelanger Protest von SchriftstellerInnen, BuchhändlerInnen und Verlegern hatte den Börsenverein nicht stoppen können. Dabei lagen längst Informationen auf dem Tisch, die einen Friedenspreis für ausgerechnet diese Kandidatin zum Skandal machten.

Schimmel war eine schriftgläubige Muslimin, die unter anderem seit 1988 regelmäßig im »Spektrum Iran« veröffentlichte, um, wie sie sagte, dem etwas entgegenzusetzen, was Journalisten so über den Iran »verbrechen und fabrizieren«. Was ihr nicht nur regelmäßige Einladungen in den Iran eintrug, sondern auch die Ehre einer nach ihr benannten »Annemarie-Schimmel-Allee« in Lahore, der zweitgrößten Stadt Pakistans. Da konnte es nicht überraschen, dass Prof. Schimmel auch Verständnis für die Fatwa gegen Salman Rushdie hatte und ihr mit dem Satz zustimmte: »Ich könnte ihn umbringen!« Ausgerechnet dieser militanten Antidemokratin überreichte Bundespräsident Herzog, der zu den leidenschaftlichsten Verfechtern dieser Entscheidung gehörte, 1995 in der Paulskirche den Friedenspreis.

Der von EMMA initiierte Protest dagegen war die erste Aktion, die deutsche Intellektuelle gegen den Islamismus mobilisierte. Ich selbst war damals mit dem Rekrutieren von Unterschriften befasst und machte bei der Gelegenheit Erfahrungen, die auch mich noch überraschten. Nicht einmal, nein mehrfach antworteten mir fest angestellte deutsche Professoren und etablierte Schriftsteller: »Ich bin ganz Ihrer Meinung und froh, dass Sie etwas tun. Aber ich bitte Sie um Verständnis. Ich habe einfach Angst zu unterzeichnen.« Und sodann folgten regelmäßig Geschichten von gestörten Vorlesungen, anonymen Drohbriefen und Bedrohungen vor der Haustür – nur weil man sich ein kritisches Wort über den Fundamentalismus erlaubt hatte.

Und noch etwas wurde mir bei der Gelegenheit überdeutlich: die unheimliche Rolle der KonvertitInnen in Deutschland. Waren es anfangs vor allem die deutschen Ehefrauen muslimischer Männer gewesen – die auf diesem Wege praktischerweise auch gleich die deutsche Staatsangehörigkeit erhielten –, so konvertierten in den 90er-Jahren zunehmend religiös beziehungsweise psychologisch beziehungsweise politisch Motivierte. Laut Murad Wilfried Hofmann (deutscher Botschafter im Ruhestand, konvertierter Schriftgläubiger und Mitbegründer des »Zentralrates der Muslime«) kommen die meisten Konvertiten »aus den Kreisen der Grünen«. Nach dem verlorenen Glauben an Marx, Che Guevara oder Mao jetzt also Mohammed? Und statt des Vietcong oder der Revolutionären Garden nun die Gotteskrieger?

Ein Konvertit ist auch der deutsche Ehemann der geborenen Afghanin Fereshta Ludin. Dass sie eines Tages zur militanten Kopftuch-Trägerin werden würde, hatte auch Fereshta niemand an der Wiege gesungen. Denn sie ist die Tochter eines Botschafters und einer emanzipierten, unverschleierten Mutter. Erst als die Halbwüchsige in Saudi-Arabien zur Schule ging, kam sie eines Tages plötzlich mit dem Kopftuch nach Hause. Ihre Haltung verschärfte sich durch die Eheschließung mit dem Konvertiten. Die Ludins waren gern gesehene Gäste im Afghanistan der Talibane. Doch während ihre Landsmänninnen unter Todesdrohungen unter den Schleier gezwungen wurden, kämpfte Fereshta Ludin nicht etwa für die Menschenrechte der Frauen in Afghanistan – sondern für das Recht von Lehrerinnen in Deutschland, mit dem Kopftuch unterrichten zu dürfen. Ihr acht Jahre währender Feldzug bis zum höchsten Gericht für ihr »privates Kopftüchlein« wurde nicht nur vom »Zentralrat der Muslime« unterstützt, sondern auch von der deutschen Lehrergewerkschaft. Auch konnte Ludin sich lange der ungebrochenen Sympathie der deutschen Medien gewiss sein: von der über Jahrzehnte fundamentalistenfreundlichen *taz* (»Recht auf Toleranz«), über die ebenfalls immer wieder auffallend verständnisvolle *Süddeutsche Zeitung* (»nicht reduzieren auf ein Stück Stoff«) bis hin zu der in dieser Frage immer wieder beängstigend blauäugigen *Zeit* (»wie das Kreuzlein an der Kette«).

Die damalige Kultusministerin von Baden-Württemberg und heutige Wissenschaftsministerin Annette Schavan war die erste Politikerin, die es wagte, der systematischen islamistischen Unterwanderung des deutschen Bildungs- und Rechtssystems offen entgegenzutreten. Ihr Verbot des Kopftuchs in der Schule am Fall von Lehramtsanwärterin Fereshta Ludin eskalierte bis zum Verfassungsgericht, wo die Richter in den roten Roben die

Sache tolerant zurückverwiesen an die Bundesländer. Heute haben acht von 15 Bundesländern ein Kopftuchverbot. Das Dutzend Lehrerinnen, das 2007 in Nordrhein-Westfalen – unter Rotgrün einst als »Eldorado der Kopftuchlehrerinnen« bekannt – trotz Verbot seit dem 1. September 2006 noch immer mit Kopftuch unterrichtet, hat sich inzwischen zu einer Interessengemeinschaft zusammengetan: angeführt von Konvertitinnen, an der Spitze Maryam Brigitte Weiß, seit Herbst 2001 die Frauenbeauftragte des »Zentralrates der Muslime in Deutschland«.

Es hat über 20 Jahre gedauert, bis Frauen aus dem muslimischen Kulturkreis es gewagt haben, auch in Europa öffentlich Widerstand zu leisten. Die erste war Ayaan Hirsi Ali, die Somalierin in Holland, die seit 2002 nicht nur den Islamismus, sondern auch den Islam öffentlich als »frauenfeindlich« und »menschenverachtend« attackiert. Das Messer, das im November 2004 Theo van Gogh ins Herz drang, hatte eigentlich ihr gegolten. Sie war es, die van Gogh als Regisseur für den von ihr geschriebenen und von den Fundamentalisten als blasphemisch verdammten Film »Submission« gewonnen hatte (in dem die frauenverachtenden Koranverse provokant auf einen durchsichtigen Schleier über dem bloßen Körper einer Frau geschrieben waren). Nach einem jahrelangen Leben mit Bodyguards und im Versteck lebt Hirsi Ali heute in den USA, wo sie ein Forschungsstipendium am »American Enterprise Institute for Public Policy Research« hat.

Ab 2003 traten auch in Deutschland die ersten Türkinnen aus der Deckung. Frauen wie die scharfsinnige Soziologin Necla Kelek, die augenöffnende Berichte aus der Innenwelt des Islams veröffentlicht. Oder die tapfere Anwältin Seyran Ates, die schon 1984 als Beraterin in einer Zuflucht für bedrohte Frauen nur um Millimeter dem Tod durch das Messer eines türkischen Ehemannes (und Anhängers der islamistischen

Grauen Wölfe) entgangen war, der sich in seiner »Ehre gekränkt« gefühlt hatte. Oder Deutsch-Türkinnen wie Fatma Bläser und Serap Çileli, die es gewagt haben, ihr »privates« Drama öffentlich zu machen und die heute unerschrocken muslimische Mädchen und Frauen aufklären. Anfang 2007 haben junge Deutsch-Türkinnen in Berlin sogar mit Unterstützung eines deutschen Juristen eine Selbsthilfeorganisation gegründet: »Hatun und Can«, benannt nach der um der »Familienehre« willen ermordeten Hatun Sürücü und ihrem Sohn Can. Der Verein will akut Gefährdeten in Lebensgefahr rasch und unkonventionell helfen, »damit das nicht noch einmal passiert«. Einige der AktivistInnen waren mit Hatun persönlich befreundet, und alle kennen das Problem auch aus eigener Erfahrung nur zu gut.

Sie alle sind Frauen der zweiten Generation, zerrissen zwischen Traditionen und Emanzipation. Sie sind es, die wir bestärken müssen! Denn die Modernisierung des Islams kann nur von innen und, allen voran, von den Frauen kommen. Sie haben am wenigsten zu verlieren.

Das gilt ja auch für die Frauen in den Entwicklungsländern. Eine kluge Entwicklungspolitik investiert in die Frauen; gibt ihnen die Chance, Lesen und Schreiben zu lernen; gibt ihnen die Mittel, sich und ihre Kinder zu ernähren; klärt sie auf und schützt sie so vor Aids und ungewollten Schwangerschaften. Auch eine wirkliche Integration der MuslimInnen in Europa muss über die Frauen gehen. Die hier lebenden Mütter müssen aus ihrer heimischen Isolation geholt werden und Zugang zum Deutschlernen und zur Berufstätigkeit haben. Die Kinder müssen durch Vorschulunterricht die gleichen Chancen bekommen wie einheimische Kinder.

Das Schreckensszenario von nicht integrierten Menschen mit »Migrantenhintergrund« mitten unter uns würde sich dann ganz von selbst auflösen. Mädchen aus diesen Familien müssten nicht länger Angst haben vor Entführung in die Türkei oder eines der arabischen Länder oder gar »Ehrenmorden«. Musliminnen hätten dieselben Geburtenraten wie Christinnen oder Atheistinnen.

Die allererste Voraussetzung für die Emanzipation der Frauen im muslimischen Kulturkreis wäre eine offensive Ächtung des Männlichkeitswahns. Er ist das Fundament des Fundamentalismus. Solange diesen verunsicherten, »gekränkten« Männern keine anderen Möglichkeiten geboten werden, zu Selbstbewusstsein zu gelangen, als auf dem Rücken von Frauen, solange wir sie in ihren Ghettos den Rattenfängern der Islamisten überlassen, so lange werden sie versuchen, sich groß zu fühlen, indem sie Frauen kleinmachen und »Ungläubige« verachten. Schluss also mit der Komplizität mit diesem Männlichkeitswahn; Schluss mit einem Kulturrelativismus, der sogar für »Ehrenmorde« noch Verständnis zeigt! Die Menschenrechte sind unteilbar. In dieser Auffassung bestätigen mich immer wieder gerade auch die Musliminnen selbst. Es ist jetzt schon einige Jahre her, dass meine Kollegin Djamila Seddiki aus Algerien zurückging in ihre Heimat. 1993 hat sie bei mir in Köln Zuflucht gefunden. Ich hatte die Tipasa-Korrespondentin der Agence Presse Algérie 1990 auf einem Journalistinnen-Seminar in Tunis kennengelernt, bei dem die heranrückende islamistische Gefahr schon schwer wie Blei über den Kolleginnen aus dem Maghreb lastete.

Djamilas Leben geriet wenig später in akute Gefahr – wie das so vieler AlgerierInnen, die sich nicht den Gottesgesetzen der Schriftgläubigen beugten. Über 100.000 Tote hat der von den sogenannten »Afghanen« – den Söldnern, die aus dem Afghanistan-Krieg gegen die Sowjets zurückkehrten beziehungsweise weiterzogen – in den 90er-Jahren in Algerien geführte

Krieg gekostet. Intellektuelle und Künstler wurden abgeknallt wie räudige Hunde, unverschleierte Frauen mussten um ihr Leben fürchten, und junge Mädchen wurden aus ihren Familien gerissen und als »Revolutionsbräute« in die Verstecke der Guerillas entführt. Waren sie schwanger, wurden sie »entsorgt«. Für deutsche Linke wie Daniel Cohn-Bendit lief das algerische Drama unter dem Label Volksaufstand; für die Toten war jedes Mal vor allem die – auch nicht gerade angenehme – postsozialistische Militärregierung verantwortlich. Für die AlgerierInnen selber jedoch sind die 90er bis heute »les années noires«, die schwarzen Jahre. Ein ganzes Volk ist tief traumatisiert – und fühlt sich bis heute von Europa verraten. Die terroristischen Attentate am 11. April 2007 waren eigentlich die ersten Massaker im Namen Allahs in Algerien, die auch in der westlichen Welt wirklich registriert wurden.

Für mich ganz persönlich ist Algerien meine Probe aufs Exempel. Über Djamila ist mir eine ganze algerische Großfamilie zugewachsen. Djamilas Vater war noch Gastarbeiter in Frankreich, und ihre Mutter betet regelmäßig in Mekka, auch für mich. Von ihren sechs Brüdern und Schwestern, von denen eine das Kopftuch trägt, hatten manche 1991 noch den FIS, die »Islamische Heilsfront«, gewählt (den legalen Arm der Terroristen) – und es schon bald darauf bitter bereut. Und ihre Nichten haben es, nicht ohne Albträume, gewagt, Tag für Tag ohne Kopftuch zur Universität zu gehen. Was sie das Leben hätte kosten können. Die eine hat inzwischen einen jungen Mann geheiratet, der wochenlang im Koma lag. Islamisten hatten ihn umbringen wollen. Grund: Sein Vater war Polizist.

Mein Liebling aber ist Djamilas Neffe Ganoud, ein intelligenter, lebenslustiger junger Mann Mitte 20, der uns mit seinen Freunden Algier bei Nacht gezeigt hat und mit dem wir Silvester bis morgens um vier getanzt haben. Ganoud ist sauer über die Arroganz und Hegemonie des Westens. Und er ist natürlich geplatzt vor Stolz, als Zidane, der Algerier in Marseille, dem Italiener seinen Kopf in den Körper gerammt hat, der gekränkten Familienehre wegen. Ganoud ist gläubig, nicht so streng, aber doch streng genug, um in jedem dritten Satz zu mir zu sagen: »Alice, le prophète a dit ...« (Alice, der Prophet hat gesagt ...). Ganoud ist mein Maßstab. Immer, wenn ich den politischen Islam angreife, frage ich mich: Was würde Ganoud dazu sagen? Und es würde mich tief beschämen, wenn er eines Tages auch mich in einen Sack mit den »arroganten Westlern« stecken würde. Bisher ist das nicht geschehen. Ganoud und ich, wir bleiben im Dialog. In einem echten Dialog.

4

Abtreibung ist Mord

Berlin 2006. Nach der Besprechung gehen wir noch ein Stück gemeinsam Richtung Taxi. Da sagt der Kollege so ganz en passant und in durchaus wohlwollendem Ton zu mir: »Das mit der Abtreibung, das würden Sie heute doch sicherlich auch ganz anders sehen als 1971, Frau Schwarzer.« Es klang eher wie eine Feststellung, nicht wie eine Frage. Ich schwieg überrascht. Denn der Kollege, ein Mann meiner Generation, ist in zweiter Ehe mit einer jüngeren Frau verheiratet, die sich selbst als Feministin versteht (und mit der er übrigens auch noch mal ein kleines Kind hat). Erst nach einer gewissen Pause antworte ich zögernd: »Eigentlich nicht ...« Aber da hörte er auch schon gar nicht mehr hin.

Diese kleine Episode ließ mich nicht mehr los. Sie scheint mir einfach typisch für den Zeitgeist.

War dem Mann eigentlich klar, um was es damals ging? Weiß er überhaupt, wie viel Schmerz und Elend der § 218 verursacht hat? Und begreift er, unter welchen Umständen die etwa 130.000 heute jährlich in Deutschland abtreibenden Frauen dies noch immer tun, wie viele sterben müssten – ohne medizinische Hilfe? Vor der Reform fanden ungewollt schwangere Frauen, wenn überhaupt, nur für viel Geld – und nicht selten noch mehr Demütigung – einen Arzt, oder aber sie landeten auf dem Küchentisch eines Kurpfuschers beziehungsweise einer »Engelmacherin«. So manche verblutete, viele behielten lebenslange körperliche Schäden zurück, bis hin zur Unfruchtbarkeit. Und alle waren traumatisiert von der Heimlichkeit, der Scham, der Angst.

Eine deutsche Zahl liegt nicht vor, aber Amerika meldete allein für das Jahr 1969, vier Jahre vor der Legalisierung der Fristenlösung, rund 5000 Todesfälle infolge illegaler, unsachgemäßer Abtreibungen. Und die Weltgesundheitsorganisation (WHO) zählte 2005 weltweit 70.000 Opfer des Abtreibungsverbotes. 70.000 tote Frauen im Jahr, weil das Gesetz ihnen verbietet, eine ungewollte Schwangerschaft abzubrechen. Vielleicht sollten die mal zur Neujahrsansprache auf dem Petersplatz aufgebahrt werden, damit der Vatikan endlich begreift.

Nein, es ging noch nie um die Verharmlosung oder gar Propagierung von Abtreibung. Die griffige Parole »Mein Bauch gehört mir« war eine provokante, doch relativ gesehen moderate Reaktion auf die Anschuldigung, abtreibende Frauen seien »Mörderinnen«. Die Frauenbewegung war nie *für* Abtreibung – im Gegenteil: Sie hat dank Aufklärung und Selbstbestimmung sehr viel *dagegen* getan. Die Frauenbewegung war immer nur für das *Recht* auf Abtreibung, also pro Frauen in Not. Es ging und geht uns bei der Abtreibungsdebatte ausschließlich darum, dass ungewollt schwangere Frauen nicht länger entmündigt werden und ihnen medizinische Hilfe gewährt wird. Schwanger warum auch immer: weil die Verhütung versagt hat, weil beide unachtsam waren oder weil die Frau zum Verkehr gezwungen wurde.

Denn Frauen, die nicht Mutter werden wollen, treiben ab; egal, was sie glauben oder nicht; egal unter welchen Umständen, selbst bei drohender Todesstrafe (wie im Dritten Reich). Sie sind es ja schließlich auch, die nicht nur neun Monate schwanger, sondern danach auch mindestens zwanzig Jahre verantwortlich sind für das Kind, nicht selten allein oder fast allein, quasi immer an erster Stelle.

In den 70er-Jahren haben Feministinnen in der ganzen westlichen Welt das Recht auf Abtreibung erkämpft; ein Kampf, der nicht zufällig zum Auslöser der Frauenbewegung wurde. Denn bei dem Recht auf Abtreibung geht es um viel: um das Recht auf selbstbestimmte Mutterschaft, um die Verfügung über den eigenen Körper, um eine angstfreie Sexualität. 35 Jahre später hat Deutschland noch immer eines der restriktivsten Abtreibungsgesetze Europas, hinter uns rangieren nur noch die erzkatholischen Länder Polen und Irland. Selbst Portugal führte im Frühling 2007 die Fristenlösung ein, das Recht auf Abbruch in den ersten zehn Wochen.

Deutsche Frauen haben dieses Recht bis heute nicht. Da gibt es nur die Gnade des »Beratungsscheins«, für den die betroffene Frau zuvor zwei Institutionen zu konsultieren und um deren Zustimmung zu bitten hat. Diese Gnade ist Ermessenssache und steht naturgemäß auf wackligen Füßen. Sie könnte, unter veränderten gesellschaftlichen Vorzeichen, jederzeit auch wieder verweigert werden. Und zurzeit sieht es ganz so aus, als wollten gewisse Kräfte den schon jetzt so gefährlich eng gefassten § 218 noch fester zurren. Die Zeichen mehren sich.

So soll die Übernahme der Kosten durch die Krankenkassen eingeschränkt werden; der schonendsten Abtreibungsmethode, der Pille danach, werden schon wieder Steine in den Weg gelegt; und die sehr rare sogenannte »Spätabtreibung« nach dem dritten Monat soll noch stärker eingeschränkt werden. Die Spätabtreibung ist bereits bisher nur bei »Gefahr für das Leben« der Schwangeren erlaubt oder einer »drohenden schwerwiegenden Beeinträchtigung des körperlichen oder seelischen Gesundheitszustandes«. Im Jahr 2005 wurde diese

Möglichkeit von genau 171 Frauen in Anspruch genommen. In 80 Prozent der Fälle wäre der Fötus außerhalb des Körpers der Schwangeren nicht lebensfähig gewesen. Bleiben also circa 30 Föten im Jahr, die theoretisch hätten ausgetragen werden können – wenn der Gesundheitszustand der Mutter dies erlaubt hätte.

Angeblich wegen dieser 30 Fälle trafen sich am 19. September 2006 die Fraktionschefs von SPD und CDU/CSU, um über eine »gesetzliche Verschärfung« der Spätabtreibungen zu beraten. Und mit wem berieten sie? Mit Ärzten oder VertreterInnen der betroffenen Frauen? Keineswegs. Volker Kauder und Peter Struck berieten sich – mit den Spitzen der Kirchen, den Bischöfen Lehmann und Huber. Genau von denen war auch die Forderung nach »gesetzlicher Verschärfung« an die Politik herangetragen worden, wieder einmal.

Die Haltung der Parteien zu den »Spätabtreibungen« geht auch heute, über 30 Jahre nach der die Nation bewegenden Debatte über das Abtreibungsrecht wieder quer durch alle Parteien. Manche konservative Kräfte sind für die Verschärfung des Gesetzes, andere »nur« für intensivere Beratung. Bei den Linken ist es nicht anders. Sie scheinen zwar nicht alle für eine Verschärfung des § 218 zu sein, doch forderte der SPD-Parteivorsitzende Kurt Beck schon 2006 eine »verantwortliche Lösung bei den Spätabtreibungen« – als sei die bisherige Praxis seitens der Ärzte und Schwangeren unverantwortlich.

Und der liberale *Spiegel*, gerade in der Abtreibungsfrage über Jahrzehnte führend in Sachen Aufklärung und dem Recht der Frauen auf eine selbstbestimmte Mutterschaft, veröffentlichte bezeichnenderweise im April 2007 unter dem Titel »Ethik: Fluch und Segen« eine Vier-Seiten-Geschichte, deren Tendenz deutlich in Richtung Verschärfung des Gesetzes zur Spätabtreibung ging.

Der Artikel beginnt und endet mit der Geschichte der 40-jährigen Karin S., bei deren Fötus die Frauenärztin Ende des vierten Monats nicht nur ein Downsyndrom diagnostiziert hatte, sondern darüber hinaus weitere schwere Behinderungen, nämlich »den Körper voller Wasser« und »praktisch keine Überlebenschance«. Die Ärztin empfahl einen Abbruch. Karin S. folgte dem Rat und ist offensichtlich bis heute traumatisiert von dem Verlust.

Der *Spiegel* zeigt die Traumatisierte kniend »am Grab ihrer Tochter«, geschmückt mit Engeln und Herzen. Und er beendet sein Plädoyer gegen die Pränataldiagnostik und die Spätabtreibung mit den Worten von Karin S.: »War es nicht anmaßend von uns, Gott zu spielen?« – Die anfängliche Information, dass der Fötus »keine Überlebenschance« hatte, hatten die meisten LeserInnen nach der Lektüre der vier dramatischen Seiten längst vergessen. Doch bleibt wohl hängen, dass der EKD-Vorsitzende Bischof Huber die 171 Spätabtreibungen im Jahr – bei denen 140 Fälle so gelagert waren wie der von Karin S.: der Fötus wäre nicht überlebensfähig gewesen – eine »unerträgliche Praxis« nennt. Und hängen bleibt auch, dass der CDU/CSU-Behinderten-Beauftragte Hubert Hüppe es sogar wagt, in diesem Zusammenhang von »Früheuthanasie« zu reden.

Was selbst dem *Spiegel* nicht klar zu sein scheint, ist, dass es in Wahrheit bei der Debatte um das Abtreibungsrecht an sich geht, das zurückgeschraubt werden soll. Die Spätabtreibungen sind nur das Einfallstor. Und wie seit über hundert Jahren sind es nicht die betroffenen Frauen oder Ärzte, sondern Kirchenmänner, die über Mutterschaft und ärztlichen Beistand in der Not entscheiden.

Nicht nur in Deutschland ist es den christlichen Männerbünden in den letzten 20 Jahren gelungen, einen Stimmungswandel in Sachen Abtreibung herbeizuführen. Das Elend von einst scheint vergessen und der blauäugige Glaube daran, dass es immer so liberal weitergehen wird wie bisher, weit verbreitet. Gleichzeitig wird der Selbstherrlichkeit der katholischen Kirche, die führend ist in Sachen Anti-Abtreibungs-Propaganda, kaum noch etwas entgegengesetzt. Entsprechend ist sie tonangebend. Selbst ihr Vokabular – von »Kindern« im Mutterleib zu sprechen statt von »Föten« – hat sich durchgesetzt. Jüngst schrieb ein Journalist in der *Süddeutschen Zeitung* sogar von »Kindstötung« im Zusammenhang mit Abtreibungen. Da sind die Mörderinnen nicht weit …

In Deutschland haben im Jahr 2006 genau 119.710 Frauen abgetrieben. Drei Viertel von ihnen waren Mütter – und die Hälfte hatte bereits zwei Kinder und mehr. Hunderte dieser Frauen würden nicht mehr leben, Tausende hätten schwere körperliche Folgeschäden, hätten sie den Eingriff nicht legal und bei Ärzten machen lassen können (drei von vier mit der schonenden Absaugmethode, jede elfte im Frühstadium mit der Mifygene-Pille). Und solche Frauen müssen sich heute wieder sagen lassen, sie seien »egoistisch«, denn: »Deutschland hat zu wenige Kinder – und Sie treiben ab.«

Neulich wurde sogar mir vorgehalten, ich ganz persönlich sei schuld am Kindermangel, weil ich für das Recht auf Abtreibung gekämpft hätte. Als könnte man Frauen zum Kinderkriegen zwingen. Als würden Schwangere, die nicht legal abtreiben können, Mütter werden; nein, eher verbluten sie.

Doch ich bin überzeugt, dass ich, so wie viele Feministinnen, eher zum Gegenteil beigetragen habe: nämlich dazu, dass weniger als je zuvor abgetrieben wird. Und, dass Frauen seltener verbluten. Die Abtreibungszahlen in Deutschland sinken seit Jahren, allein in den letzten sechs Jahren um 15.000. Was ganz einfach damit zu tun hat, dass Frauen heutzutage seltener ungewollt schwanger werden. Sie bestimmen die Sexual- und Verhutungspraktiken stärker denn je zuvor mit und werden, dank größerer Unabhängigkeit und entsprechendem Selbstbewusstsein, vielleicht auch seltener Opfer sexueller Übergriffe. Wenn es also heute weniger Abtreibungen gibt als früher, dann ist das vor allem der Frauenbewegung zu verdanken und nicht den Kirchen.

Doch kommen wir auf meinen netten, fortschrittlichen Kollegen zurück, der meint, ich würde »das alles heute ganz anders sehen«. Wie war das alles also damals wirklich? Es war das Grauen! Vor 1971 redete eine Frau vor Scham und Angst noch nicht einmal mit ihrer eigenen Mutter oder besten Freundin darüber. Sie war total allein mit dem Problem. Und die Heterosexualität von Frauen war beherrscht von der Angst vor einer ungewollten Schwangerschaft (»Währenddessen denke ich nur daran«).

Ich lebte damals als Korrespondentin in Paris, und es ist eigentlich nur einem Zufall zu verdanken, dass ich die Selbstbezichtigungsaktion der Pariser Frauenbewegung, in der ich seit Sommer 1970 aktiv war, nach Deutschland exportiert habe. Zeit, die Geschichte zu erzählen, damit man besser versteht.

Im April 1971 erschien in der linksliberalen französischen Wochenzeitschrift *Nouvel Observateur* das Bekenntnis der 324: Wir haben abgetrieben und fordern das Recht dazu für alle Frauen! Die provokante Aktion, angezettelt von Jean Moreau, einem Redakteur der Zeitschrift, und einer Handvoll Feministinnen, erschütterte die Nation und erregte internationales Aufsehen.

Ein paar Tage später ging bei mir das Telefon, am Apparat Kollege Moreau. Bei ihm hätte eine Zeitschrift namens *Jasmin* angerufen. Die wolle die Aktion in Deutschland nachstellen, aber das sei ihm gar nicht geheuer. Er hätte den Eindruck, »die wollen daraus nur einen Werbegag machen«. Ob ich denn da nicht etwas tun könne.

Ich überlegte nur kurz – und rief dann den *Stern* an (für den ich zu der Zeit ab und an als Freie arbeitete). Ich fragte das Blatt, ob es bereit wäre, wenn ich die Unterschriften heranschaffen würde, eine solche Selbstbezichtigung in Deutschland im gleichen Geiste zu veröffentlichen: also als kollektiven Protest von Frauen, eingebettet in die politischen Forderungen. Redakteur Wilfried Maaß überlegte nicht lange: »Klar machen wir das!« Ich vermute, er hielt es für sehr unwahrscheinlich, dass ich es überhaupt schaffen würde.

Ich schaffte es innerhalb weniger Wochen. Doch einfach war es nicht. Denn zu der Zeit lag Deutschland feministisch gesehen noch im Dornröschenschlaf. Selbst *Brigitte* klagte im Frühling 1971: »Deutsche Frauen verbrennen keine Büstenhalter und Brautkleider, sie stürmen keine Schönheitskonkurrenzen und emanzipationsfeindlichen Redaktionen, fordern nicht die Abschaffung der Ehe und verfassen keine Manifeste zur Vernichtung der Männer. Es gibt keine Hexen, keine Schwestern der Lilith, wie in Amerika, nicht einmal Dolle Minnas mit Witz wie in Holland, es gibt keine wütenden Pamphlete, keine kämpferischen Zeitschriften. Es gibt keine Wut.« Und es gab auch keine Forderungen zur Abschaffung des § 218.

Die Frauen, die im Zuge der 68er-Studentenrevolte gegen die eigenen Genossen aufgemuckt hatten, waren längst wieder versunken in den von ihnen initiierten Kinderläden oder den Marx-Schulungen der dogmatischen K(ommunismus)-Gruppen beziehungsweise Spontis. Als ich im Mai 1971 beim »Weiberrat« in Frankfurt und den »Roten Frauen« in München wg. § 218 vorstellig wurde, schlugen mir höhnische Absagen für so eine »bürgerliche, reformistische Aktion« entgegen. Und der im Spontimilieu tonangebende Verlag *Roter Stern* tönte noch Monate nach der Selbstbezichtigungsaktion im Herbst 1971 im Vorwort zu einer neuen Zetkin-Ausgabe: »Nicht von der bornierten und ständischen Interessenvertretung der bürgerlichen Frauenbewegung der Jahrhundertwende unterscheiden sich Initiativen westdeutscher Bildmagazine und ihrer Schauspielerklientel zur Abschaffung des § 218. Wer von Frauenbefreiung redet und den Zusammenhang im antikapitalistischen Kampf nicht einmal berührt, hätte besser geschwiegen.« – Tja, so war das damals.

Zu guter Letzt zogen nur vereinzelte Frauen aus linken Gruppen bei der Selbstbezichtigung mit, alle anderen wurden nach dem Schneeballsystem gewonnen: Freundinnen fragten Freundinnen, Kolleginnen Kolleginnen, Nachbarinnen Nachbarinnen. So hatte ich innerhalb von ein paar Wochen die Unterschriften von 374 Frauen zusammen: Angestellte und Hausfrauen, Studentinnen und Schauspielerinnen (Letztere neun an der Zahl). Sie alle waren bereit, öffentlich zu erklären: »Ich habe abgetrieben und fordere das Recht dazu für jede Frau.« – Was übrigens nie als persönliches Geständnis gemeint gewesen war, sondern als politisches Bekenntnis. Darum spielte es auch überhaupt keine Rolle, ob die bekennenden Frauen wirklich schon mal abgetrieben hatten oder nicht (wie ich). Zumindest im Kopf hatten wir alle schon abgetrieben.

Noch heute bewundere ich jede einzelne dieser Frauen für ihren Mut. Denn als am 6. Juni 1971 der *Stern* mit der schockierenden Titelgeschichte erschien: »Wir haben abgetrieben« – da wusste keine von ihnen, was am nächsten Tag geschehen würde: ob sie verhaftet wird, ihre Stelle verliert, die Nachbarn noch mit ihr sprechen, ihr Mann sie verlässt … Und das galt für die 365 unbekannten Frauen unter den Bekennerinnen ebenso wie für die neun Stars (darunter Romy Schneider und Senta Berger). Die riskierten fast noch mehr, nämlich ihre gesamte Karriere.

Die Veröffentlichung schlug ein wie eine Bombe. Das Tabu

war gebrochen. Ein kollektiver Aufschrei ertönte: Ich auch! Die Frauen sammelten Unterschriften in Stadtteilen und an Universitäten, in Büros und Fabriken. Die Politiker brachen unter Waschkörben von Petitionen zusammen. Die Lawine war nicht mehr aufzuhalten – und wurde zum Auslöser der Frauenbewegung.

Ich meinerseits hielt die Sache nun für erledigt und fuhr zurück nach Paris, wo ich bis 1974 lebte. In dem von mir begleitend geschriebenen Bericht im *Stern* hatte ich meine ganz persönliche Rolle bei der Aktion bewusst verschleiert, denn ich hatte mich lediglich als Vermittlerin zwischen den Frauen in Frankreich und Deutschland verstanden.

Doch dann erschienen die deutschen Zeitungen, einsehbar in meinem Stamm-Zeitschriftenladen Boulevard Montparnasse, neben meinem Stammcafé Le Select. Und was durfte ich da lesen? Über den »Exhibitionismus« der 374 Frauen spottete die *Süddeutsche Zeitung*, über deren »Konsumwahn« und die »Vernichtung unwerten Lebens« (sic) lamentierte die *Frankfurter Rundschau*. Und der Paderborner Erzbischof Jäger sekundierte mit seiner Verurteilung des »neuen Euthanasieprogramms« und erinnerte an die »Seele des Fötus«.

Dabei ist das mit der »Seele des Fötus« sogar in der Geschichte der katholischen Kirche so eine Sache. So galt für KatholikInnen bis zum Verdikt von Papst Pius IX. im Jahre 1869, dass der männliche Fötus ab dem 40. Tag eine Seele habe, der weibliche jedoch erst ab dem 80. Tag. Zurzeit gilt der Zeitpunkt der Vereinigung von Ei und Samen als die Stunde null.

Auch die deutschen Juristen und Politiker debattierten im Sommer 1971 über vieles, über den »Beginn des personalen Lebens« oder die »bevölkerungspolitischen Aspekte« der Abtreibung. Nur von den Frauen, ihrem Leid und ihrem Recht auf ein selbstbestimmtes Leben, davon sprach schon wenige

Wochen nach dem Bekenntnis im *stern* niemand mehr. Und ich, die ich als Korrespondentin in Paris bis dahin eigentlich nie Probleme mit dem Veröffentlichen meiner Artikel und Sendungen gehabt hatte, durfte plötzlich nicht mehr berichten, nicht über Abtreibung. Wir engagierten Journalistinnen galten von Stund an alle als »befangen«. Abtreibung war in den Medien jetzt Männersache.

So kam mein erstes Buch zustande. Ich ging zu Günther Busch, dem so klugen und einfühlsamen Lektor der edition suhrkamp, und schlug ihm das Thema vor. Ein paar Monate später, im Herbst 1971, erschien mein Band »Frauen gegen den § 218«: Gespräche mit betroffenen Frauen, die Geschichte der Aktion und eine politische Zwischenbilanz. Die fiel düster aus. Denn obwohl inzwischen laut Meinungsumfragen 83 Prozent aller Bundesbürgerinnen für die Fristenlösung beziehungsweise Streichung des § 218 waren, war nur eine einzige Partei dazu bereit: die FDP.

Für die CDU/CSU war und ist die Ablehnung der Abtreibung bis heute unveräußerlich. Darüber dürfen Frauen sich keine Illusionen machen, auch wenn Christdemokratinnen wie Rita Süssmuth oder Rita Waschbüsch von »Donum Vitae« tapfer dagegenhalten, damit auch gläubige Frauen in Not Hilfe finden. Doch selbst die SPD, und das war die eigentliche Überraschung, konnte sich erst nach langen Debatten und unter dem Druck der Frauen nur zögernd zur Fristenlösung durchringen. Kanzler Willy Brandt versagte es sich nicht, bei der entscheidenden Abstimmung zur Reform 1974 demonstrativ den Saal zu verlassen. Begründung: »Ich als uneheliches Kind …«

Eine, die sich ganz besonders darüber geärgert hat, war seine damalige Ehefrau Rut Brandt. Sie erzählte mir 18 Jahre später anlässlich eines Interviews für EMMA, dass Willy sie in frühen Jahren zu einer Abtreibung gezwungen hätte. Damals bat sie mich, es nicht zu schreiben. Heute sind alle Beteiligten tot – und es ist vielleicht ganz erhellend, diese Art von Doppelmoral offenzulegen. Denn so mancher Mann, auch Kirchenmann, wird eine Mutter oder Schwester, eine Ehefrau oder Geliebte haben, die den Preis für seine lebensferne Hartherzigkeit bezahlt.

Das Abtreibungsverbot ist seit 1871 Gesetz in Deutschland. Bis dahin wurde die Abtreibung wie überall – und in sehr ländlichen Gegenden bis heute – als verlängerte Verhütung praktiziert. Was nicht gerade zum Wohl der Frauen war. Doch das war in den 70er-Jahren, dank Pille, weitgehend passé. Das besonders Infame jedoch war, dass der § 218 zuletzt kaum noch angewandt wurde. Wie auch: Dann hätten ja Hunderttausende von Frauen im Gefängnis gesessen. So wurden im Jahr 1969 nur noch 276 Frauen wegen Abtreibung vor den Richter zitiert und zu Minimalstrafen verurteilt. Der Rechtsstaat selbst wusste längst um die Unhaltbarkeit dieser Strafandrohung. Aber die zentrale Funktion des Gesetzes war trotzdem weiterhin erfüllt: die der Einschüchterung und Entmündigung. Das Gesetz schwebte wie ein Damoklesschwert über den Frauen und ÄrztInnen.

Über die Geschichte des § 218 von den 70er-Jahren bis heute ließe sich ein ganzes Buch schreiben. Es wäre ein Buch über Gleichgültigkeit, Opportunismus und Hartherzigkeit, auch der Parteien. Reden wir gar nicht von den christlichen Parteien, deren Vatikan-Position feststeht und bestenfalls Lockerung in Nuancen erlaubt. Doch auch die Sozialdemokraten ließen es unwidersprochen zu, dass die von ihnen und der FDP verabschiedete Fristenlösung auf eine CSU-Klage hin von einem mehrheitlich konservativ besetzten Verfassungsgericht wieder gekippt wurde, ja die SPD feierte den faulen Kompromiss sogar als Ideallösung.

Die DDR, deren Machthaber sehr genau die westdeutsche Szene beobachtet hatten, »schenkte« den Frauen im realen Sozialismus 1972 die Fristenlösung – in der weisen Voraussicht, dass sie sich so gar nicht erst den Ärger mit einer aus dem Protest des Abtreibungsverbotes entstehenden Frauenbewegung einhandeln würde. Resultat: Bei der Wiedervereinigung war den DDR-Frauen die Gefahr nicht bewusst, da sie sich das Recht auf Abtreibung nie hatten erkämpfen müssen. Sie erkannten nicht beziehungsweise zu spät, dass die gesamtdeutsche Politik ihnen die einst geschenkte Fristenlösung wieder nehmen würde. Nun haben wir also eine deutsch-deutsche Gnade statt Recht.

Was daraus in Zukunft wieder werden könnte, zeigt uns das Beispiel Amerika. In den USA ist der Terror der Pro-Life-Bewegung heute so einschüchternd, dass Ärzte es inzwischen kaum noch wagen, Schwangerschaftsabbrüche zu machen, obwohl sie (noch) legal sind. Schon vor einigen Jahren alarmierte der amerikanische Ärztinnenbund: Der Schwangerschaftsabbruch, der häufigste medizinische Eingriff bei Frauen, wird an den medizinischen Fakultäten inzwischen nicht mehr gelehrt. Neun von zehn Abtreibungen in Amerika müssen heutzutage in Spezialkliniken gemacht werden, weil andere das nicht mehr wagen. Die Ärzte, die dazu überhaupt noch bereit sind, sind meist älter und erinnern sich nur zu gut an das Elend von früher.

So wie Dr. Richard Hausknecht von der »Organisation für geplante Elternschaft«. Er erzählt, wie das war vor der Legalisierung: »Die Frauen lagen auf unseren Operationstischen, halb verblutet, mit schrecklichen Gegenständen in der Vagina und zerstörten Körpern.« Heute müssen solche Ärzte um ihr Leben zittern. Wie »Babykiller« Dr. Barnett Slepian, der am 23. Oktober 1998 in Armherst/New York durch sein Küchenfenster von Fanatikern von Pro Life abgeknallt wurde und vor den Augen seiner Frau und seiner vier Kinder verblutete.

Allein in den 90er-Jahren ermordeten die selbst ernannten »Lebensschützer« mindestens sieben Menschen, darunter vier

Ärzte, eine Krankenschwester und zwei Klinikangestellte. Sie schossen scharf, legten Brände und warfen Sprengsätze. Seit einigen Jahren killen sie weniger und schüchtern stattdessen Hilfe suchende Frauen und Ärzte ein. Längst reicht ihr langer Arm bis Europa. In Wien haben sie erreicht, dass 2004 eine Abtreibungsklinik vor ihrem Terror kapitulierte und die Pforten schloss. In München halten sie »Mahnwachen« vor der Praxis von Dr. Friedrich Stapf, vor dessen Fenstern sie »Babymörder«-Transparente schwenken und dessen Hilfe suchende Patientinnen sie warnen, ihr »Baby umzubringen«. Das schlechte Gewissen der Frauen ist und bleibt Trumpf.

Wo also stehen wir heute in Sachen Abtreibung? In Deutschland auf sehr dünnem Eis. Es ist, als seien wir in dieser Frage keine Demokratie, sondern ein Kirchenstaat. Das Sauberste und Sicherste wäre darum, die Politik – also alle Parteien links von CDU/CSU, die wir in der Frage wohl vergessen können, Kanzlerin hin, Kanzlerin her – würde es wagen, diese halbherzige Abtreibung auf Beratungsschein zu kippen und endlich eine klare Fristenlösung einzuführen: also das uneingeschränkte Recht der Frauen auf Abtreibung in den ersten drei Monaten! So wie selbst in katholischen Ländern wie Österreich, Frankreich oder Italien. Oder in der Schweiz, wo nach einer jahrzehntelangen halbherzigen Lösung 2002 die Fristenlösung eingeführt wurde, nach einem Volksentscheid. Aber in Deutschland entscheidet ja nicht das Volk, sondern der Vatikan.

Ich habe übrigens noch nie gehört, dass der Vatikan sich von diesen christlichen Predigern des Hasses und Meuchelmördern im Namen Gottes distanziert hätte – so wie Papst Benedikt dankenswerterweise von den islamistischen Terroristen. Und ich habe auch noch nie gehört, was denn die lebensschützende katholische Kirche eigentlich zu tun gedenkt angesichts der 70.000 toten Frauen im Jahr.

5

Das Kind braucht die Mutter

Ich bin in einer Familie aufgewachsen, in der die Frauen, Mutter und Großmutter, wenig Talent zur Mütterlichkeit an den Tag legten. Sie lasen lieber. Oder diskutierten über Politik. Oder gingen ins Kino. Die Hausarbeit war auch nicht gerade ihre Stärke. Doch ich hatte Glück. Der Mann in meiner Familie, mein damals noch recht junger Großvater (er war Mitte vierzig, als ich zur Welt kam), interessierte sich leidenschaftlich fürs Füttern, Wickeln, Aufziehen dieses kleinen Mädchens, das ihm da ins Haus gepurzelt war. Und da sein Geschäft gerade ausgebombt und es ihm irgendwie gelungen war, sich vor der Rekrutierung als letztes Kanonenfutter für das Deutsche Reich zu drücken, hatte er auch Zeit für ein Kind.

Vermutlich gibt es viele, nicht nur in meiner Generation, die aufgewachsen sind wie ich: mit Frauen, die nicht als Mütter geboren wurden, und Männern, deren fürsorgliche Potenziale nur hätten gehoben werden müssen. Doch nur wenige Männer haben die Chance und noch weniger erhalten die »Erlaubnis« von den »echten« Müttern, ihre Talente auch zu realisieren.

Da hatten wir, ich und mein Großvater, genannt Papa, Glück. Die Mutter war weg. Und die Großmutter hatte die Raffinesse, ihn über den grünen Klee für seine Kindertauglichkeit zu loben. Ich bin also mit Anekdoten des Stils groß geworden: »Keiner hat die Breichen so gut gemacht wie dein Papa. Alle jungen Mütter aus der Nachbarschaft kamen und haben ihn um Rat gefragt.«

Er selbst hat nie darüber geredet. Er hat es wohl eher so nebenher erledigt. Und ab meinem dritten Lebensjahr hatte er dann auch länger anderwärts zu tun. Ab da haben wir zwei, Großmutter und Enkelin, die Chose dann zusammen geschaukelt, eher geschwisterlich. Inzwischen konnte man ja auch mit mir reden.

Kein Wunder also, dass ich die Sache mit den Müttern, die als solche geboren sein sollen, und den Vätern, die zwei linke Hände haben, nie wirklich ganz verstanden habe. Als ich dann Feministin wurde, schien es mir selbstverständlich, dass es bei der Kinderfrage doch nur um das wirkliche »Kindswohl« gehen kann und nicht um eine Fortführung dieses Mütterkitsches, der beiden nicht gerecht wird, weder den Müttern noch den Vätern. Und den Kindern schon gar nicht. Denn auch Männer können Kinder großziehen, und auch Frauen sollten raus in die Welt, statt mit ihren überschüssigen Energien ihre Familie zu drangsalieren.

Genau diesen Weg beschreitet Deutschland nun endlich. Dazu trägt ausgerechnet eine konservative Familienministerin mit Verve bei. Warum auch nicht. Familienpolitik ist spätestens seit Mitte der 90er keine parteipolitische Frage mehr – und sie war es in Wahrheit auch vorher nie. Da haben die Linken zwar anders geredet als die Konservativen, aber gehandelt haben sie gleich.

Jetzt also: Endlich nicht mehr lähmende drei Jahre lang Elterngeld, sondern für 12 Monate und »Lohnersatz« bis 1800 Euro plus zwei »Vätermonate« – wobei der Vater oder die Mutter oder beide gleichzeitig auch Teilzeit berufstätig sein können. Flankierend dazu mehr Ganztagskrippen (nicht mehr nur für jedes zwanzigste, sondern eines nicht allzu fernen Tages wenigstens schon mal für jedes dritte Kind), mehr Kindergärten inklusive Vorschuljahr (damit auch familiär benachteiligte Kinder aufholen können) plus Ganztagsschulen.

Hört sich paradiesisch an. Und wird so in Ländern wie Frankreich oder Skandinavien ja auch schon ewig praktiziert. In Frankreich sind die staatlichen Écoles Maternelles den Schulen angeschlossen. Quasi jedes Kind geht ab dem dritten Lebensjahr in die stark vom Montessori-Prinzip – also der Eigenverantwortlichkeit der Kinder – geprägten Maternelles und gleitet von da bestens präpariert in die Schule über. In Schweden ist die staatliche Kinderbetreuung inzwischen so ausgebaut und so gut, dass, wie Familienforscherin Gisela Erler es formuliert, es für die Zukunftschancen der Kinder »keinen Unterschied mehr macht, ob der Vater Professor ist oder Verkäufer im Baumarkt«. Darum bekommen die Frauen – und Männer! – in diesen Ländern ja auch die meisten Kinder.

Die Schweiz hat erst 2005 einen 14-monatigen Mutterschaftsurlaub eingeführt. Und nur in den ersten drei Monaten wird eine Entschädigung über 80 Prozent des Einkommens gezahlt, maximal 172 Schweizer Franken (106 Euro) pro Tag. Männer haben keinen Anspruch darauf. Und Österreich, das ebenfalls die ersten drei Jahre Elternurlaub hatte (mit einem Taschengeld von 436 Euro im Monat), führt ab 2008 eine Elternzeit über 15 beziehungsweise 18 Monate ein (mit 800 Euro Entschädigung im Monat).

Der Trend geht in ganz Europa Richtung Abschaffung der Falle Mutterschaftsurlaub und Einführung einer etwa einjährigen Elternzeit. Wo also ist das Problem? In Deutschland kann selbst die Opposition beim besten Willen diesmal kein Haar in der Suppe finden. Doch sie will nun plötzlich an das

»Ehegattensplitting« ran, das mit 20 Milliarden Euro im Jahr die Hausfrauenehe fördert (ein Drittel davon geht an Ehepaare ohne Kinder oder mit solchen über 18). Eigentlich eine gute und längst überfällige Idee – nur die Motive scheinen fragwürdig. Denn das Ehegattensplitting wurde von Juristinnen wie Gisela Wild (FDP) oder Annelies Kohleiss (CDU) schon anno 1967 kritisiert, und seine Streichung war von Rotgrün sowohl 1998 als auch 2002 im Wahlprogramm versprochen worden. Doch danach war das nie wieder Thema. Zu viele gutverdienende Männer mit Hausfrauen auch in der rotgrünen Regierung …

Darum ist es schon ganz schön scheinheilig, dass die SPD nun plötzlich mit der Forderung auftrumpft, das Splitting zum Teil streichen zu wollen, um die Kinderkrippen zu finanzieren. Die Sozialdemokraten müssen sich die Frage gefallen lassen, was gerade jetzt ihr wahres Motiv ist. Etwa, dass sie damit die so unangepasste Seiteneinsteigerin von der Leyen und deren Kanzlerin in die Bredouille bringen können, da auch die meisten CDU/CSU-Männer begeisterte Verfechter des Splittings sind?

Und dann gibt es da noch einen peinlichen Fakt, der den GenossInnen zu denken geben sollte: Kein Bundesland hat so wenig Krippenplätze wie das 39 Jahre lang SPD-regierte Nordrhein-Westfalen! In dem Land zwischen Rhein und Ruhr fanden 2005 nur knapp sieben Prozent der Kinder unter drei einen Krippenplatz. Im Durchschnitt sind es in den Westländern neun Prozent, in den Ostländern hingegen hat jedes dritte bis zweite Kind einen Krippenplatz! NRW-Frauenminister Armin Laschet (CDU) will nun verdienstvollerweise das Angebot bis 2008 verdoppeln – aber bis zu dem von Bundesministerin von der Leyen gewünschten Drittel ist es noch ein sehr weiter Weg in Nordrhein-Westfalen und allen Westländern.

Grundsätzlich scheint die Stimmung allerdings auch bei der deutschen Mehrheit der Konservativen inzwischen pro Kinderbetreuung – was früher ganz anders war. Die Junge Union ist heute begeistert von mehr Krippen, denn die passen in die Zukunftspläne des Nachwuchses aller Parteien. Die CDU-Landesfürsten nicken ab, denn sie wollen wiedergewählt werden. Dennoch blubbern Reste eines Kulturkampfes. Die Wahlfreiheit. Die Mutter. Die Rabenmutter.

Zu Letzterer wird nun, fürchtet Ilse Falk, Vizevorsitzende der Union, ausgerechnet die Hausfrau gemacht – wo die doch bisher immer alles so richtig gemacht hatte. Die Abgeordnete Falk, Jahrgang 1943, war selber lebenslang Hausfrau, Mutter von vier Kindern und »mithelfende Familienangehörige« im Büro ihres Ingenieur-Mannes. Nun bangt sie um das Image der Hausfrauen und fordert eine höhere »Wertschätzung«. Und etliche CDU- und alle CSU-Männer nicken dazu. Doch genau das war schon Anfang der 80er-Jahre mal die billige Antwort der CDU auf die Forderung von Frauen nach mehr Unterstützung durch Vater Staat. »Die sanfte Macht der Familie« hieß das damals. Und auch von der »echten Wahlfreiheit« reden wir schon länger. Doch gerade die wäre in der Tat erst dann gegeben, wenn für *alle* Eltern, die das wünschen, Ganztagskrippen, Ganztagskindergärten und Ganztagsschulen zur Verfügung stünden. Erst dann könnten Eltern wirklich wählen zwischen häuslicher und außerhäuslicher Betreuung der Kinder.

Vom »Kindeswohl« redet kaum jemand. Wohlweislich. Denn da belegen alle Studien, wie wohl es dem Kind tut, auch außerhalb der häuslichen vier Wände vielfältige Kontaktmöglichkeiten und Anregungen zu haben. Es ist schließlich historisch ein ganz und gar neues Phänomen, dass ein Kind – ohne Anregungen durch andere Erwachsene und Austausch mit anderen Kindern – allein mit seiner Mutter innerhalb von vier Wänden hockt. Da war früher die Großfamilie, war das Dorf oder Stadtviertel vor.

Alles in allem jedoch sind die FreundInnen der Hausfrauenehe auf verlorenem Posten, dies scheinen letzte Rückzugsgefechte. Vor allem, da ihnen die Hausfrauen weglaufen. 95 Prozent aller jungen Frauen wünschen sich ein Leben mit Beruf (laut »Monitor Familienforschung 2005« des Bundesfamilienministeriums), 85 Prozent wollen gleichzeitig Kinder. Nur fünf Prozent träumen noch von einem Leben als Hausfrau. Wenn diese Gesellschaft also mehr Kinder haben will, weiß sie, was sie zu tun hat.

»Kinder kriegen schlaue Eltern«, titelt in diesem Sinne eine Informationsbroschüre des Familienministeriums von September 2006 auf dem Faltblatt für Eltern, und das erste Foto zeigt nicht etwa eine Mutter, sondern einen Vater mit Kind. »Immer mehr Väter wollen sich aktiv an der Erziehung ihrer Kinder beteiligen«, heißt es aufmunternd. Wie schön. Noch sind zwar 95 Prozent der Berufstätigen, die in Elternzeit gehen, Mütter – aber die Zahl der Väter hat sich in jüngster Zeit verdreifacht: auf fünf Prozent. Allerdings: 19 von 20 Elternzeit-Vätern absolvieren diese zusammen mit der Mutter, bleiben 0,2 Prozent Vollzeit-Väter. Allein in Elternzeit ist also nur ein Vater auf 475 Mütter!

Wie sich das in den Köpfen auswirkt, wenn Vater Staat hilft, zeigt eindrücklich der Ost/West-Vergleich. Denn bis heute hat der Osten nicht nur ein ungleich besser ausgebautes Netz für Kinderbetreuung, sondern auch eine größere Selbstverständlichkeit in Bezug auf die Berufstätigkeit von Müttern. Also stimmten »nur« 35 Prozent der ostdeutschen Männer 2004 der Behauptung zu: »Ein Kleinkind wird sicherlich darunter leiden, wenn eine Mutter berufstätig ist« – aber 70 Prozent der westdeutschen Männer (Allbus). Bei den Frauen tut sich eine ähnliche Kluft auf: Nur 23 Prozent der ostdeutschen Frauen halten die mütterliche Berufstätigkeit für schädlich – aber 56 Prozent der westdeutschen Frauen. Tröstlich für die Zukunft unseres Landes, das als einziges auf der Welt den Begriff »Rabenmutter« kennt: Je jünger die Befragten, umso vereinbarer finden sie Kinder und Beruf auch für Frauen.

Entsprechend sind im Westen nur 27 Prozent der berufstätigen Mütter Vollzeit im Beruf – im Osten jedoch 68 Prozent. Da ist es dann keine Überraschung mehr, dass im Westen 17 Prozent aller Frauen keine Kinder wollen – im Osten, mit seinen Krippenplätzen für jedes dritte bis zweite Kind, jedoch nur sechs Prozent nicht. Die Botschaft ist eindeutig: Familie und Beruf müssen endlich auch für Frauen so vereinbar werden, wie sie es für Männer schon immer waren – was allerdings Abstriche für die Männer bedeuten würde, und die scheinen noch nicht dazu bereit.

Denn die wirklich dramatische Kluft in Sachen Kinderfreudigkeit klafft in Deutschland zwischen Frauen und Männern. Die Männer sind, wir wissen es schon, die wahren Kindermuffel. Wobei sich auch hier ein West/Ost-Gefälle auftut, aber diesmal umgekehrt: 27 Prozent aller westdeutschen Männer wollen keine Kinder, also 10 Prozent mehr als bei den Frauen – 21 Prozent aller ostdeutschen Männer auch nicht, also 15 Prozent mehr als bei den Frauen!

Bei der entscheidenden Altersgruppe zwischen 18 und 44 Jahren sieht es gesamtdeutsch so aus: Jede zweite kinderlose Frau möchte Kinder – aber nur jeder dritte kinderlose Mann. Kein Wunder. Die Rolle der Väter hat sich in den letzten dreißig Jahren ja auch dramatisch geändert. Während ein guter Vater früher den Kleinen abends mal über den Kopf streichelte und sonntags mit ihnen was unternahm, wird heute von ihm erwartet, dass er zumindest einen Teil der Familienarbeit mitschultert. Vatersein ist anstrengender geworden – entsprechend entziehen sich die Männer. Und das nicht etwa erst seit heute, sondern seit dreißig Jahren, seit Beginn der Frauenbewegung.

Denn was, wie schon gesagt, in der ganzen bevölkerungspolitischen Debatte unterschlagen wird: Es gab exakt dieselbe Diskussion schon einmal vor dreißig Jahren. Aus gutem Grund. Der wahre Kinderknick hat nicht heute stattgefunden, sondern zwischen 1970 und 1975. In diesen Jahren ist die Statistikkurve in Deutschland von 2,5 Durchschnittskindern pro Frau auf 1,5 gefallen (heute 1,4).

Kein Vertun also: Es war nicht die Pille, die ab Mitte der 60er-Jahre das Sexualverhalten veränderte, es war die Frauenbewegung. Denn die bewegten Frauen sind nun in der Tat nicht länger bereit, Kinder um jeden Preis zu bekommen, inklusive dem der Berufsaufgabe.

Neulich las ich in einer Filmrezension, geschrieben von einer offensichtlich jüngeren Frau, die deutsche Frauenbewegung habe sich den Teufel um die Mütter geschert. So ganz en passant, als Feststellung. Erst war ich ganz empört. Denn das stimmte doch nicht! Ganz im Gegenteil, wir hatten doch von Anfang an … Doch dann habe ich noch mal genauer nachgedacht und muss zugeben: Da ist etwas dran; zumindest, was die allererste Phase angeht – auch wenn das kein spezifisch deutsches Phänomen war.

Da trafen sich Anfang der 70er in Paris oder Berlin oder Wien oder Zürich zunächst einmal überwiegend die Frauen ohne Kinder. War mal eine Mutter dabei, hatte sie einen exzeptionell netten Mann zu Hause, oder sie brachte das antiautoritär erzogene Kind einfach mit, das sich dann trotz Vollversammlung zu amüsieren wusste.

Bei uns Nicht-Müttern in der Frauenbewegung herrschte eine gewisse Gereiztheit. Andauernd hatten wir uns zu rechtfertigen, warum wir keine Kinder hätten. Wie oft ist Simone de Beauvoir ihre Kinderlosigkeit vorgehalten worden – bei Jean-Paul Sartre hat sich nie jemand auch nur die Frage gestellt. Wir feministischen Pionierinnen lebten noch in einer Welt, in der wir uns permanent für Kinderlosigkeit rechtfertigen mussten. Also waren wir keineswegs gelassen kinderlos, sondern mit einem gewissen Na und!

Doch dann, im Zuge unseres Kampfes gegen das Abtreibungsverbot, landete die Mütterfrage mit Wucht auf der feministischen Agenda. Wir fingen an zu begreifen, was angesagt war an der Mütterfront: nämlich der 16-Stunden-Tag (für den Fall, dass eine Mutter sich erlaubte, trotzdem berufstätig zu sein). Auch schwappten nun die Mütter selbst zuhauf in die Frauenzentren.

So war es kein Zufall, dass es 1973 in meinem zweiten Buch – nach dem ersten über die Funktion und die Folgen des Abtreibungsverbotes – nun um die Rolle der Frauen als Mütter ging und den Zusammenhang von Haus- und Berufsarbeit; also um, wie man heute sagen würde, die »Vereinbarkeit von Beruf und Familie«. Was damals alles andere als selbstverständlich war, im Gegenteil: Da galten noch die erst 1976 gestrichenen §§ 1360 und 1356, die Frauen zur Berufstätigkeit verpflichteten, wenn die »wirtschaftliche Lage der Familie es erforderte«, sie ihnen aber verbot, wenn dies »nicht mit ihren Pflichten in Ehe und Familie vereinbar« war. Und eine Mutter, die ihr Kind gar vor dem sechsten Lebensjahr außer Haus gab, war eh eine Rabenmutter.

Ich erinnere mich bestens, wie lange ich recherchieren musste, bis ich die gesuchte Zahl fand: die geschätzte Stundenzahl der jährlich geleisteten Hausarbeit. Vor der Frauenbewegung waren Mütter nämlich überhaupt kein Thema. Haus- und Kinderarbeit war Frauensache, und damit basta. Das hatte diskret erledigt zu werden. Klappte es nicht, war das *ihr* Problem. War sie gar berufstätig und wurde ihr etwa die Doppelbelastung zu viel, war das erst recht ihr Problem. Noch nicht einmal den Begriff »Doppelbelastung« gab es, der ist eine Erfindung der Frauenbewegung. Früher war die Hausarbeit sozusagen Heinzelfrauenarbeit.

Und wie so ein Tag einer berufstätigen Mutter anno 1972 aussah, antwortete die 34-jährige Margit Karl damals in *Eltern* auf die Frage »Darf eine Mutter berufstätig sein?« nicht ohne Stolz. Ihr Tag beginnt morgens um fünf: »Ich mache das Frühstück, bereite die Bügelwäsche für den Abend vor, stopfe oder flicke ein bisschen« – und endet nach neun Uhr abends: »Ich koche das Mittagessen für Armin und Christa und das Abendessen für die Familie vor. Ich lege den Kindern die Kleidung für den nächsten Tag heraus und bügle ein bisschen oder mache Handarbeiten.« Heutzutage würde eine sich als fortschrittlich verstehende Zeitschrift zumindest mal die Frage nach dem Vater stellen – Frau Karl war nicht alleinerziehend! –, damals jedoch kam das niemandem auch nur in den Sinn.

Nach langer Recherche also ergatterte ich 1973 endlich eine Schätzung der Familienarbeitsstunden in Westdeutschland: Die »Deutsche Gesellschaft für Ernährung« hatte 45–50 Milliarden Arbeitsstunden im Jahr errechnet (die Zahl bestätigte sich später im internationalen Vergleich) – die Erwerbsarbeit betrug zur gleichen Zeit 52 Milliarden Stunden. Ich rechnete: Die Menge der gratis geleisteten »privaten« Familienarbeit war also fast identisch mit der der entlohnten Berufsarbeit. Und da die Frauen damals über 90 Prozent der Hausarbeit machten (viel weniger ist es seither nicht geworden) und ein Drittel der Berufsarbeit (die ist rasant gestiegen), hieß das: Frauen leisten zwei Drittel der gesamtgesellschaftlichen Arbeit – für einen Bruchteil des Lohns.

Das ist heute nicht viel anders. Der Löwenanteil der Familienarbeit liegt weiterhin bei den Frauen. Bei kinderlosen Paaren läuft es noch relativ gleichberechtigt – doch gleich nach dem ersten Kind ziehen die Männer sich raus aus der Hausarbeit, das belegen alle Studien. Dabei wird die Familienarbeit dann mehr – aber die Frau wird schwächer, weil abhängiger. Fragt man die Frauen, warum sie das mitmachen, antworteten sie: aus Liebe. Aus Liebe zum Mann, aus Liebe zu den Kindern, aus Nächstenliebe.

»Mütterlichkeit« bedeutete ganz einfach Arbeit, viel Arbeit. Gratisarbeit für Männer, Kinder, ja die ganze Gesellschaft. »Man kann Frauen ja wohl kaum die Schönheit und Mystik des Geschirrspülens preisen«, spottete Simone de Beauvoir in einem Interview, das ich 1976 mit ihr machte, »also preist man ihnen die Schönheit und Mystik der Mutterschaft.«

Die wurde inzwischen längst auch von einem Teil der Frauenbewegung gepriesen. Die Anhängerinnen einer »Natur der Frau« (später Differenzialistinnen genannt) propagierten bereits ab 1973 eine »neue Mütterlichkeit« und forderten sowohl die immaterielle »Aufwertung der Mutterschaft« wie auch einen materiellen »Lohn für Hausarbeit« (wie ihn heute wieder Christa Müller fordert, Hausfrau, Mutter eines zehnjährigen Sohnes und Ehefrau von Oskar Lafontaine, dem Chef der Linkspartei). Ich glaube, in keinem Land der Welt wurde damals in Frauenzentren so viel gestrickt und gestillt wie in der Bundesrepublik.

Hand in Hand mit der »neuen Mütterlichkeit« ging die »neue Weiblichkeit«, die eigentlich ganz die alte war. Es erschienen »Müttermanifeste« und »Streitschriften für Mütter«. Das sich als links verstehende Berliner Frauenbewegungsblatt

Courage propagierte gar Schulter an Schulter mit *Brigitte* das »Stillen als Waffe!« – und das kurz nach dem »Jahr der Frau«. Als hätte Betty Friedan, die feministische Pionierin, nicht schon in den 60er-Jahren in Amerika den »Weiblichkeitswahn« und die Still-Propaganda als Trick entlarvt, Frauen wieder zurück ins Haus zu schicken.

In keinem Land der westlichen Welt griff dieser neue Mütterwahn so wie in Deutschland. Schließlich waren die eifernden neuen Mütter ja auch die Töchter der Mutterkreuz-Trägerinnen. Doch nun stiegen die Erwartungen an die Mütter ins schier Unerfüllbare: Eine gute deutsche Mutter muss heute eine 24-Stunden-Mutter sein. Was die Mutter auch tut, das schlechte Gewissen sitzt immer hinter ihr. Nie sind die Gardinen weiß genug, nie das Kinderlachen so glockenrein wie das der anderen, nie der eigene Mann so zufrieden wie der von der Nachbarin.

Diese neue, alte Weiblichkeit & Mütterlichkeit ist der Kern des ersten Backlash gegen die Emanzipation. Und es ging – und geht – dabei um so viel mehr als nur um die Versorgung der Kinder. Es geht um die Festlegung von Frauen auf eine allumfassende Mütterlichkeit und die Bereitschaft, aus »Liebe« allemal an zweiter Stelle zu stehen. Je exklusiver diese »Mütterlichkeit« Frauensache ist – umso weniger müssen Männer sich zuständig fühlen für eben diese Fürsorge und Nächstenliebe.

Mit einer kleinen Verzögerung griffen die Konservativen die Vorlage aus der Frauenbewegung einer erneuten Mystifikation der Mutterschaft auf und propagierten ab Anfang der 80er-Jahre die Parole von der »sanften Macht der Familie« (Norbert Blüm). 1986 karrte dann Heiner Geißler mit dem »Erziehungsurlaub« nach, den *Courage* schon Jahre zuvor gefordert hatte. Zunächst ein Jahr und zuletzt, unter tätiger Mithilfe von SPD und Grünen, drei Jahre »Erziehungsurlaub«. Er wurde zur Frauenfalle Nummer eins in Deutschland! 96 Prozent aller dazu berechtigten Frauen nahmen ihn, gingen aus dem Beruf – jede zweite kehrte gar nicht, die andere Hälfte überwiegend in Teilzeit und in entsprechend schlechterer Position zurück.

Zu Recht richtet sich darum eine moderne Familienpolitik zuvörderst an die potenziellen Väter. Sie sind es, die überzeugt werden müssen, mitzuziehen – damit Frauen es wagen können, wieder Kinder zu bekommen, ohne dadurch aus der Welt zu kippen.

Iris Radisch, Mutter von drei Kindern und Karriere-Journalistin, klagt in ihrem jüngst erschienenen Buch »Die Schule der Frauen«: »Der Feminismus hat keine Antwort auf die Kinderfrage hinterlassen, das Patriarchat die falsche.« Stimmt. Das Patriarchat hat verschleiert, gebremst und in die Irre geführt, wo es nur konnte. Aber »der Feminismus«? Ich weiß nicht, wer »der« Feminismus ist, wo er seinen Geschäftssitz hat und was er so veröffentlicht, aber ich kann nur sagen, dass ich mir mit Antworten auf dieses Problem seit Jahren und Jahrzehnten den Mund fusselig rede und die Finger wund schreibe: von »Frauenarbeit – Frauenbefreiung« (1973), über den »Kleinen Unterschied« (1975) bis zum »Großen Unterschied« (2002) – von dreißig Jahren EMMA ganz zu schweigen. Und dann gibt es da auch Bücher wie das von Herrad Schenk »Wieviel Mutter braucht der Mensch? Der Mythos von der guten Mutter« (1996) oder das von Barbara Vinken »Die deutsche Mutter. Der lange Schatten eines Mythos« (2001). Wir alle haben immer dasselbe gesagt:

Die »Rabenmütter« müssen gelassener werden, die Väter müssen einbezogen werden, und Vater Staat muss mit ran! Diese Botschaft ist ja auch durchaus angekommen bei Millionen Frauen, die sich keine Illusionen gemacht, sondern gehandelt haben – trotz schwerster Bedingungen gerade in Deutschland. Nichts anderes als dieser zunehmende Druck der Frauen zwingt jetzt die Politik, endlich nachzuziehen. Und da zurzeit Frauen gerade besonders günstig positioniert sind in Berlin, wird das Problem zum Thema (statt »Gedöns«), das beschleunigt den Prozess.

Perspektivisch gesehen wäre die einzige wirkliche Lösung für Eltern – neben Ganztagskrippen, -kindergärten und -schulen – die 30/32-Stunden-Woche. Sechs Stunden am Tag oder vier Tage die Woche für Mütter *und* Väter von kleinen Kindern – das würde ein Familien-Zeitmanagement ermöglichen, das sowohl Raum für Kinder lässt als auch für die ganze Familie. Und ganz nebenbei kämen auch noch mehr Arbeitsplätze dabei raus. Da müsste die Wirtschaft mitziehen, indem sie Teilzeitarbeit auch für Männer anbietet und Betriebskindergärten einrichtet. Und die so gut patriarchalen Gewerkschaften müssten sich endlich auch dafür einsetzen!

Doch das Ganze würde natürlich nur Sinn machen, wenn Väter in ihrer Freizeit dann nicht öfter in der Kneipe oder auf dem Fußball- beziehungsweise Golfplatz hängen beziehungsweise sich zu Hause bedienen lassen, sondern wirklich mit Verantwortung übernehmen.

Dann gäbe es da aber noch ein ganz kleines Problem: Auch die Frauen selbst müssen lernen, Männer einzuklagen. Ich meine nicht dieses halb resignierte Nörgeln von unten, sondern realistische Forderungen und Kompromisse von Gleich zu Gleich. Am besten ist, eine Frau verhandelt mit dem potenziellen Vater noch *bevor* das Kind in Planung ist: über gemeinsame Interessen genauso wie über Interessensgegensätze; wie das gehen könnte, ohne dass einer von beiden allein zurückstecken muss. Dazu müssten Frauen allerdings lernen, sich mal unbeliebt zu machen. Denn Spülen ist auch für Männer nicht gerade erotisch. Frauen dürfen einfach nicht immer Angst haben, dass er dann gleich zur Nächsten überläuft. Und beiden muss von vorneherein klar sein, dass sie Kompromisse machen müssen. Denn dieses Alles-ist-möglich-Gerede ist eine Lüge. Selbstverständlich müssen Eltern mit Kindern in anderen Bereichen zurückstecken – aber sie gewinnen dafür ja auch viel.

Vor allem aber: Deutsche Mütter müssen endlich lernen, auch mal loszulassen. Es ist nicht falsch, wenn ein Kind die Worte »Mama« und »Papa« gleichzeitig lernt. Vielleicht macht ja so mancher Papa wirklich die besseren Breichen – beziehungsweise kauft heutzutage dieselbe Marke Babynahrung wie die Mutter.

6

Der Beruf allein macht nicht glücklich

Anna und Lars sind meine Nachbarn. Sie sind Anfang 30, seit über zehn Jahren ein Paar, haben vor einigen Jahren geheiratet und neun Monate nach Einzug in das selbst gebaute Haus ein Kind bekommen. Lars liebt seine Frau und ist ein moderner Mann. Selbstverständlich war er bei der – nicht einfachen – Geburt dabei. Und anstatt am Wochenende nach seinem anstrengenden Job als Investmentbanker die Beine hochzulegen, werkelt er in Garten und Haus, denn da gibt es immer noch und immer wieder etwas zu tun. Und er kümmert sich mit ums Kind. Anna ist nach dem Abitur Kauffrau geworden und hat in ihrer Firma im Außendienst Karriere gemacht. Als dann das Kind kam, ist sie in Mutterschaftsurlaub gegangen. »Erst mal für ein Jahr, dann können wir ja weitersehen.«

Da Anna weiß, dass ich gerade an einem Buch »über all diese Fragen« sitze, versorgt sie mich zwischendurch mit Futter: zum Beispiel mit den Peter-Pelikan-Briefen von 1976. Die wurden ihrer Schwiegermutter damals nach der Geburt von Lars vom Jugendamt gratis ins Haus geschickt und jetzt, dreißig Jahre danach, von der bemühten Schwiegertochter ausgeliehen. Doch seit der Lektüre dieser Briefe rangiert die rote Plastikmappe mit den säuberlich abgehefteten Briefen für Anna unter »von gestern«. Denn sie ist eine moderne Frau, für die es selbstverständlich ist, dass der Vater sich genauso ums Kind kümmert wie die Mutter. So er denn da ist.

In den Pelikan-Briefen jedoch wird der Mutter Seite um Seite erklärt, wie sie mit dem Kind umzugehen hat, denn »das Kleinkind braucht die Mutter. Deshalb sollte sie mindestens für drei Jahre nach der Geburt zu Hause bleiben und ihr Kind selbst versorgen.« Die »mindestens drei Jahre« sind fett gesetzt. Und ganz »nebenbei gesagt«: »Auch der Vater soll die notwendigsten Verrichtungen lernen.« Warum? Weil es »sicher einmal einen Tag gibt, an dem er die Mutter vertreten muss«. Anna findet das »echt abartig« und hat die »heißen Stellen« für mich mit Ausrufezeichen versehen. Da spricht ihr die »Kinder kriegen schlaue Eltern«-Broschüre des Bundesfamilienministeriums vom Herbst 2006 schon eher aus dem Herzen. Da ist immer von den Vätern zuerst die Rede.

Nun hat sich bei Anna schon sechs Monate nach Niederkunft die Firma gemeldet. Die hofft, die beliebte und tüchtige Kollegin bald wiederzusehen. Zu Besuch war sie ja bereits ein paarmal mit dem Kleinen, »damit der sich schon mal dran gewöhnt«. Anna schwankt, denn sie hat »diese ersten Monate mit dem Kind sehr genossen«. Aber: »Klar gehe ich wieder zurück in meinen Job – nur werde ich ganz sicher nicht mehr dasselbe machen können. Da müsste ich zu viel reisen. Aber eine schlechtere Stelle will ich auch nicht.«

Jetzt überlegt Anna, ob sie nach acht Monaten wieder einsteigen soll. »Erst mal mit einem Tag in der Woche.« Die Bedingungen sind ideal. Ihr Mann sagt: »Mach, was du für richtig hältst.« Und ihre beiden jugendlichen Großmütter stehen zum Einspringen einmal die Woche parat. Die junge Mutter schwankt. »Ja, erst mal einen Tag in der Woche.« Und dann, ein Jahr nach Geburt, vielleicht Teilzeit? »Drei Tage in der Woche oder so. Mal sehen.« Damit wäre Anna ab Herbst 2007 dann Teilzeitarbeiterin, wie jede zweite erwerbstätige Frau in Westdeutschland, und eine von zwei Dritteln erwerbstätiger Mütter in Teilzeit – ganz wie einst die Schwiegermutter und die Mutter, nur qualifizierter. Anna und ihre Schwester sind die Allerersten, die in dieser Familie Abitur gemacht haben.

Den Ehemännern kommt die Teilzeitarbeit ihrer Frauen zupass, den Chefs eigentlich nicht wirklich. Denn die Wirtschaft braucht heute das Potenzial der qualifizierten Frauen, und die Initiative der Familienministerin zur Freisetzung dieser Frauen aus Küche und Kinderzimmer ist ihr durchaus recht. Schon seit einigen Jahren ist da einiges in Bewegung geraten, und vorausdenkende Großbetriebe beginnen, Betriebskrippen und -kindergärten zu planen. Umso erstaunlicher, dass nicht endlich auch für Männer Teilzeitarbeit angeboten wird.

Denn das Dilemma der Benachteiligung von Frauen im Beruf wird erst dann wirklich gelöst sein, wenn ein Chef beim Einstellungsgespräch den zeugungsfähigen jüngeren Mann genauso gedehnt fragt wie die gebärfähige junge Frau: Planen Sie etwa eine Familie? Erst wenn Betriebe und Unternehmen auch bei Männern mit Fehlzeiten wegen der Kinder rechnen müssen, wird das »Handicap Kind« bei beiden Geschlechtern gleich zu Buche schlagen. Doch davon sind wir noch ein gutes Stück entfernt. Noch ist es für eine überwältigende Mehrheit der Mütter selbstverständlich, dass sie im Beruf zurückstecken – und durchaus nicht immer, weil sie weniger verdienen. Bis zum Alter von 29 Jahren sind auch in Deutschland Frauen in Führungspositionen stark vertreten – danach sinkt ihr Anteil rapide. Und nur jede dritte weibliche Führungskraft ist Mutter.

Vor den 70er-Jahren galt jegliche Art von Frauenerwerbsarbeit noch als persönlicher Luxus der Frauen. Da mussten Frauen sich für ihre Berufstätigkeit quasi entschuldigen. Doch heute heißt die wahre Frauenfalle nicht »Beruf oder Familie«, sondern »Teilzeitarbeit«. In den 20 Jahren, seit die Statistiken Vollzeit und Teilzeit überhaupt getrennt erheben, hat sich der Teilzeit-Anteil an der Frauenarbeit in Westdeutschland fast verdoppelt: von 28 auf 47 Prozent 2005 (Männer sieben Prozent), was auch daran liegt, dass mehr Mütter berufstätig sind. Auch im Osten hat sich die Anzahl der teilzeitarbeitenden Frauen verdoppelt, allerdings von niedrigerem Niveau: von 17 Prozent 1991 auf 32 Prozent 2005 (Männer neun Prozent). Jede zweite westdeutsche, aber nur jede dritte ostdeutsche Berufstätige arbeitet Teilzeit.

Diese nach Geschlechtern so einseitig verteilte Teilzeitarbeit hat lebenslange Folgen für die Frauen: von schlechteren Stellen und geringeren Aufstiegsmöglichkeiten bis hin zur niedrigeren Rente. Teilzeit bedingt auch eine größere Abhängigkeit vom in der Regel Vollzeit verdienenden Mann. Warum machen die Frauen das? Laut einer Erhebung des Statistischen Landesamtes Baden-Württemberg von 2005 sagen zwar 84 Prozent der Frauen, der Beruf sei »ein wichtiger Aspekt persönlicher Unabhängigkeit«, aber 67 Prozent, also zwei von drei, sagen auch: »Im Konfliktfall hat die Familie Vorrang vor dem Beruf.«

Im gleichen Geiste streben drei von vier Mädchen noch immer in das Dutzend schlecht bezahlte und perspektivelose klassische Frauenberufe, von der Arzthelferin bis zur Friseurin; nicht zuletzt, um Beruf und Familie vereinbaren zu können. Da darf es nicht wundern, dass die westdeutschen Frauen die am schlechtesten bezahlten in ganz Europa sind. Auch bei gleicher Arbeitszeit und vergleichbarer Tätigkeit verdienen sie 24 Prozent weniger als Männer.

Das sieht übrigens in Ostdeutschland ganz anders aus: Da verdienen Frauen nur acht Prozent weniger als Männer. Doch mit einem gesamtdeutschen Gehaltsunterschied von 23 Prozent stehen die deutschen Frauen immer noch ganz unten beim Vergleich unter den 15 EU-Staaten. Niemand verdient so wenig wie sie! Die relativ Bestverdienendsten sind übrigens die Italienerinnen (die noch weniger Kinder kriegen als die Deutschen) sowie die Französinnen und Skandinavierinnen (die beide viel mehr Kinder haben).

Allerdings kommen gerade die westdeutschen Frauen auch von sehr weit her. Noch 1970 waren nur 9,5 Millionen überhaupt berufstätig, was damals 37 Prozent an der Gesamtzahl der Berufstätigen ausmachte. Seither stieg die Zahl der berufstätigen Frauen in Westdeutschland unaufhaltsam, trotz aller Hindernisse und trotz Arbeitslosigkeit. Heute sind 13 Millionen westdeutsche Frauen im Beruf (gesamtdeutsch 16,5). Das ist ein Anteil von 44 Prozent an der gesamten Erwerbstätigkeit (gesamtdeutsch 45). Tendenz steigend. Bei unseren Nachbarn ist die Entwicklung ähnlich. In der Schweiz sind heute 43 Prozent aller Berufstätigen Frauen, doch 57 Prozent von ihnen arbeiten Teilzeit. In Österreich sind 46 Prozent aller Berufstätigen Frauen, jedoch nur 39 Prozent in Teilzeit. In nicht allzu ferner Zeit werden also genauso viele Frauen wie Männer erwerbstätig sein – die Frauen allerdings häufiger in schlechteren Positionen und eben viel häufiger in Teilzeit.

Deutschland ist in der einmaligen historischen Situation, die Folgen von einem halben Jahrhundert unterschiedlicher Prägung im kapitalistischen Westen und sozialistischen Osten vergleichen zu können. Ergebnis: Was auch immer die Nachteile für Frauen im Realsozialismus gewesen sein mögen – in Bezug auf Berufstätigkeit und die neuerdings so viel beschworene Vereinbarkeit von Beruf und Familie hatten sie einen gewaltigen Vorsprung. Und sie haben ihn noch.

Auch für die Minderheit der Karrierefrauen sind die Hürden in Deutschland besonders hoch. Vor allem, wenn sie versuchen, Kinder & Karriere zu verbinden. Denn es fällt auf, dass die kinderlosen Frauen zwischen 30 und 45 die einzigen sind, die sogar mehr verdienen als ihre vergleichbaren Kollegen. Nur sie scheinen in der Lage zu sein, ausreichend Energie zum Durchstoßen der »gläsernen Decke« aufzubringen; dieser Decke, die zwischen den unteren Frauen-Etagen und der Männer-Topetage so undurchdringlich ist. Es ist ja schon peinlich – aber anscheinend nicht der deutschen Wirtschaft –, dass in den Vorständen der 30 börsennotierten Dax-Unternehmen zu Beginn des 21. Jahrhunderts in Deutschland nicht eine einzige Frau sitzt! Und in den 200 Topunternehmen sind ganze elf Frauen im Vorstand – macht ein Prozent.

Wie scharf der Gegenwind wehen kann, wenn Frauen in traditionelle Männerdomänen einbrechen, können wir zum Beispiel am Beruf der Polizistin sehen. Den dürfen Frauen uneingeschränkt, inklusive Dienst an der Waffe, überhaupt erst seit 1979 ausüben. Doch schon 28 Jahre nach Einstieg sind zwischen 40 und 50 Prozent der BerufsanfängerInnen bei der Polizei weiblich. Das geht natürlich nicht ohne Widerstand ab. Von den Kollegen.

Erst seit ein paar Jahren gehören sie zum Straßenbild, unsere Freundinnen und Helferinnen. Und da sind sie auch kaum zu übersehen, weil sie so besonders häufig so besonders lange und besonders blonde Haare haben. Liegt das daran, dass gerade die bewaffnete Schutzpolizistin beweisen muss, dass sie »trotzdem« eine Frau ist? Sie hetzt hin und her zwischen Boy und Barbie, und ihre Kollegen erleichtern ihr diesen Spagat nicht gerade. Im Gegenteil. In keinem Beruf werden die Frauen so häufig sexuell belästigt wie bei der Polizei, und das nicht etwa nur von ihrer Klientel.

So ergab eine Umfrage unter 7826 Polizistinnen in Nordrhein-Westfalen im Jahr 2000: Jede vierte Polizistin ist im Dienst sexuell belästigt worden – und in jedem dritten dieser

Fälle durch den eigenen Vorgesetzten. Es ist eben bei den Polizistinnen ganz wie bei den Soldatinnen: In den traditionellen Männerberufen schließen sich die Reihen besonders dicht und besonders brutal. Und gerade wurde bekannt, dass Bewerberinnen mit »Hormonstörungen« prinzipiell als »untauglich« für den Polizeidienst abgelehnt werden – 40 Prozent aller Frauen haben Hormonstörungen …

Dabei hätte der gesamte Berufsstand eigentlich ein Interesse daran, mit einem höheren Anteil Weiblichkeit vermenschlicht zu werden. Bereits in den 70er-Jahren bewiesen amerikanische Untersuchungen, dass Polizistinnen höflicher und weniger aggressiv sind, Konflikte am Einsatzort öfter gewaltfrei lösen – und weniger Dienstwagen zu Schrott fahren. Doch der Spagat zwischen »weiblichen« und »männlichen« Qualitäten ist auch für die Polizistin nicht einfach: Bleibt sie »ganz Frau«, wird sie als Kollegin nicht ernst genommen – steht sie »ihren Mann«, wird sie als Frau nicht wahrgenommen.

Dass gerade auch die Polizistinnen ohne Aufhebens einen anderen Blick und andere Inhalte in den Berufsstand eingebracht haben, versteht sich. Die zunehmende Sensibilisierung der Polizei bei der Gewalt gegen Kinder und Frauen zum Beispiel ist nicht zuletzt ihnen zu verdanken. So entwickelte zum Beispiel die Düsseldorfer Oberkommissarin Monika Krack bereits 1986 ein spezielles Faltblatt für den Einsatz gegen häusliche Gewalt: »Verlieren Sie nie das Wesentliche aus den Augen: das Opfer.«

Kommen wir also zu den weiblichen Soft Skills, die von den Frauen im Beruf so freudig erwartet werden. Selbstverständlich steht es außer Zweifel, dass Frauen in der Regel aufgrund anderer Prägungen und Lebensführung auch in die Berufswelt andere Fähigkeiten und Interessen einbringen. Aber sie sollten sich darauf nicht festlegen lassen – sondern ganz im Gegenteil gerade auch die bisher ausschließlich Männern zugestandenen Qualitäten entwickeln, die sie in der Berufswelt so bitter nötig haben. Als da wären: Leidenschaft für den Beruf, Ehrgeiz und Durchsetzungsfähigkeit. Und vor allem: das Aushalten von Kritik. Denn Frauen haben leider Tendenz, sich bei jeder Sachkritik auch als Person infrage gestellt zu fühlen. Das ist anstrengend. Doch nur wer kritikfähig ist, ist auch besserungsfähig, oder, um es mit der Psychoanalytikerin und Querdenkerin Margarete Mitscherlich-Nielsen zu sagen: »Die Frauen können sich nur befreien, wenn sie auch selbstkritisch sind!«

In den vergangenen Jahren ist es mir immer wieder mal passiert, dass jüngere Frauen mich aufsuchen, um mit mir für Seminararbeiten oder Bücher über meine »Karriere« zu sprechen. Wie ich die denn als Frau »geplant« hätte, fragen sie mich. Und was ich ihnen raten könne: Wie man denn so eine »berühmte Journalistin« würde. Ich weiß dann ehrlich gesagt kaum, was ich antworten soll. Denn Begriffe wie »Karriere« oder »berühmt« sind mir ganz fremd. In den 40 Jahren meines Berufes habe ich noch nicht ein einziges Mal in diesen Kategorien gedacht, sondern mich immer nur für die interessantere Arbeit entschieden. Und ich bin nicht schlecht damit gefahren.

Hinzu kommt: Ich gehöre zu einer Generation, in der es quasi unanständig gewesen wäre, eine »Karriere« anzustreben, vor allem für Frauen. »Aussteigen« war angesagt für die 68er, die Hippie-Generation und die Feministinnen. Die Männer stiegen dann auch aus, kurz darauf aber wieder ein und machten so manches Mal fulminante Karrieren, bis hin zum Außenminister. Die Frauen jedoch waren eigentlich noch gar nicht so recht eingestiegen, wie also sollten sie da aussteigen?

Insofern ist es schon ganz in Ordnung, dass auch Frauen jetzt in Kategorien wie »Karriere« denken. Nur darf das nicht alles sein. Ein Beruf gehört für 95 Prozent aller jungen Frauen heutzutage so zur Lebensplanung wie für die gleichaltrigen Männer. Frauen müssen sich also zugestehen, ganz wie Männer, Leidenschaft nicht nur für die Liebe, sondern endlich auch Leidenschaft für den Beruf zu entwickeln! Das heißt, sie sollten sich einen Job erkämpfen, der Sinn und Spaß macht; eine Tätigkeit, die der individuellen Begabung entspricht und die überwiegend mit Freude statt Frust ausgeübt werden kann. Das zu erreichen, wäre schon ein großes Privileg.

Der Beruf darf für Frauen von heute also kein Pausenfüller mehr sein und auch keine Zusatzbeschäftigung neben der Familie. Die Hausfrau und der Alleinverdiener haben definitiv ausgedient, auch in den Augen des Staates – und nur noch jede zwanzigste junge Frau träumt davon. Ein gefährlicher Traum. Denn Gesetze, die bisher die Hausfrau geschützt haben, werden gerade rigoros abgeschafft. Frauen, die keine ökonomische Eigenständigkeit haben, laufen Gefahr, ein Fall für die Sozialhilfe zu werden.

Und dann wäre da noch etwas: die Freude am Erfolg anderer Frauen! Die Klagen von erfolgreichen Frauen, dass Konkurrentinnen oder weibliche Untergebene noch neidischer reagieren als Kollegen, häufen sich verdächtig. In der Tat sind Frauen es gewohnt, dass Männer bevorzugt werden oder über ihnen stehen. Sie nehmen das darum sozusagen naturgegeben hin. Haben sie jedoch eine Frau über sich, werden viele Frauen plötzlich aufmüpfig, so nach dem Motto: Warum die und nicht ich?! Was weder realistisch noch fair oder hilfreich ist.

Frauen müssen lernen, Freude an erfolgreichen Frauen zu haben, sie zum Vorbild zu nehmen! Und sollten sich mit anderen Frauen verbünden, selbst bei Interessengegensätzen. Auch in dem Punkt können Frauen von Männern viel lernen. Deren Männerbünde funktionieren nämlich tadellos, trotz aller Konkurrenzkämpfe, vor allem im Beruf.

7

Ich bin viel zu dick

Zugegeben, auch ich habe in meinem Leben immer wieder mal eine Diät gemacht. So alle zwei, drei Jahre, wenn ein begehrtes Kleid zwackte oder die Verkäuferin in der Boutique mich mit diesem Was-will-die-denn-hier-Blick schon an der Türe zurückweichen ließ. Die *Brigitte*-Diät, die Ananas-Diät, die Montignac-Methode – ich kenne sie alle. Und ich erinnere mich noch bestens an Freundin Annie, Anfang der 70er-Jahre. Als ich mir im Restaurant ein »Steak frites« bestellte. Da guckte Annie rügend und sprach: »Alice, nimm lieber einen Salat. Außerdem könntest du mal mitkommen zum Jazztanz, das ist gut für die Figur.« Da war ich 1,70 Meter groß und wog rund 60 Kilo. Ich bestellte mir aus Trotz gleich noch eine zweite Portion Fritten.

Nur um zu sagen: Ich kann mitreden. Auch, wenn ich mich dem Druck immer entzogen habe und mir auch später locker zugestand, mit über 40 beziehungsweise 50 Jahren zehn oder zwanzig Kilo mehr zu wiegen als mit 20 oder 30. Doch ganz entgehen kann dem Diätterror keine. Es trifft uns bestenfalls unterschiedlich hart.

Inzwischen jedoch haben wir einen Punkt erreicht, an dem es schon lange nicht mehr komisch ist. Die Hungersucht ist heute die Sucht Nummer eins der Frauen in der gesamten westlichen Welt. Nicht der Alkohol, nicht Tabletten oder Heroin, nein, das Essen ist die größte Bedrohung für Frauen. Etwas, was existenzieller Teil unseres Lebens ist. 90 Prozent aller weiblichen Teenager wollen abnehmen, meldet das Max-Planck-Institut für Psychiatrie. Und das Robert-Koch-Institut, das 17.000 Mädchen und Jungen befragte, fand heraus, dass jedes dritte Mädchen ein »auffälliges Essverhalten« an den Tag legt (sowie eine Minderheit von Jungen).

ExpertInnen melden Vierjährige, die essgestört sind, und Achtjährige, die bei den Notrufen Hilfe suchen. Eine aktuelle Studie der Universität Halle stellt fest: Jedes zehnte deutsche Mädchen weist »Symptome oder Denkweisen der Ess-Brech-Sucht auf«, das heißt, ist in die pathologische Hungersucht gekippt oder dicht davor – und damit in Lebensgefahr. Denn jede zehnte bis fünfte an Essstörungen Erkrankte wird sterben. Die Hungersucht ist die psychiatrische Erkrankung mit der höchsten Todesrate.

Man muss sich das mal vorstellen: In Ländern des Überflusses verhungern Frauen, um dem aktuellen Schönheitsideal zu entsprechen – das inzwischen um runde 20 Kilo niedriger liegt als noch bei ihren Großmüttern. Während die Menschen in der Dritten Welt verhungern, weil sie nichts zu essen haben, hungern sich die Mädchen und Frauen (sowie ein Prozentbruchteil der Männer) in der Ersten Welt zu Tode. Und nicht nur da. Mit dem Fernsehen trat die Schlankheitsepidemie ihren Siegeszug um die Welt an. So ging 1999 eine Meldung durch die Medien: Auf den Fidschi-Inseln – wo es bis dahin für Frauen als schön gegolten hatte, kräftig und rundlich zu sein – hatte die Einführung des Fernsehens innerhalb von nur drei Jahren jeden sechsten bis siebten weiblichen Teenager schlankheitssüchtig gemacht.

Es trifft nicht nur die verunsicherten jungen Mädchen und Frauen, die den Idolen nacheifern, es trifft auch die Idole selbst. Egal, wie jung, wie schön, wie berühmt, wie reich sie sind: Sie alle sind dran. Prinzessin Diana war magersüchtig. Die Reeder-Tochter Christina Onassis, eine der reichsten Frauen der Welt, ist 1988 an ihren Diäten gestorben. Vermutlich hat das permanente Auf und Ab der Kilos und der Kampf dagegen mit Tabletten, Zigaretten und Alkohol auch bei Romy Schneiders so frühem Tod eine Rolle gespielt; das »Pummelchen« hatte ab dem 14. Lebensjahr gehungert. Nicht minder bei Marilyn Monroe, neben der eine gleichaltrige Kate Moss heute aussieht wie deren 13-jähriges Töchterchen.

Von den Topmodels gar nicht zu reden. Sie können ihr Gewicht überhaupt nur mit Salatblättern und Kokain so tief halten. Ihre abgemergelten Körper haben nur noch ein Drittel des gesundheitlich notwendigen Fettanteils. Im August 2006 brach das uruguayische Model Luisel Ramos auf dem Catwalk tot zusammen. Die 22-Jährige wog bei Körpergröße 1,78 Meter gerade noch 50 Kilo. Und sie war nur die Erste einer ganzen Serie von zu Tode gehungerten Models. Luisel und ihre toten Kolleginnen hatten die für Models erstrebenswerte Kleidergröße null. So heißt das tatsächlich: Größe null (gleich der europäischen Größe 32). Die ideale Frau: eine Null.

All das ist so besonders makaber, weil die Geschichte des Essens in der Geschichte der Menschheit vor allem eine Geschichte des Hungers ist. Und es ist eine der größten Errungenschaften der Neuzeit, dass Menschen nicht mehr hungern müssen, zumindest in unseren Breitengraden nicht (in anderen verhungern sie noch immer zu Millionen). Früher, als es zu wenig zu essen gab für alle, da war es eine Frage von Stellung und Geschlecht, wer was aß. In Bezug auf das Geschlecht ist das in orthodoxen islamischen Gesellschaften, und nicht nur da, noch heute so: Da essen erst die Männer und Gäste – und die Reste sind für die abseits wartenden Frauen und Kinder.

Warum aber knabbern auch die Frauen im reichen, emanzipierten Westen an Salatblättern, während die Männer sich die Steaks und Bratkartoffeln schmecken lassen? Weil sie dazu verführt werden von Mode, Film, Popkultur und Werbung. Dabei führen Männer Regie – und Frauen verkörpern das diktierte Ideal.

Der Schlankheitswahn ist, in Verbindung mit der seit den späten 60er-Jahren Frauen zugemuteten Kleinmädchen- und neuerdings auch Nutten-Mode, Teil des Backlash. Statt endlich ihr Leben und ihre Freiheiten zu genießen, trippeln Frauen in halsbrecherischem Schuhwerk – das den gebundenen Füßen im vormaoistischen China alle Ehre gemacht hätte – und mit krankgehungerten Körpern durch ihre kleine Welt.

1980 titelte EMMA erstmals mit dem Tabuthema Diäten; 1984 erschien der EMMA-Sonderband »Durch dick und dünn«, eine erste Bestandsaufnahme des herannahenden Desasters. Ich schrieb damals: »Während Männer nach Profil streben, streben Frauen nach Linie. Während Männer Karriere machen, machen Frauen Diäten. Während Männer das Leben genießen, zählen Frauen Kalorien. Kurzum, Frauen sollen sich dünne machen. In jeder Beziehung.«

Es ist seither nicht besser, sondern schlimmer geworden.

Der Grad der Gleichberechtigung der Geschlechter ließ sich schon immer an den Körpern von Frauen und Männern ablesen. Denn die Körper sind ja das direkte Resultat von Nahrungszunahme, Bewegungsfreiheit und Schönheitsideal. Wer jemals in den Gräbern der Pharaonen in den ägyptischen Tälern der Könige oder Königinnen war, kennt den Überraschungseffekt beim Betrachten der Wandmalereien: Wer ist das Paar, das da so gleich und hocherhobenen Hauptes nebeneinandersitzt? Etwa zwei Männer? Oder doch eine Frau und ein Mann? In Zeiten der (relativen) Gleichberechtigung sehen Frauen und Männer auch gleich aus. Sie sind in Körpergröße, Körperhaltung und Kleidung nicht unterschiedlich, sondern ähnlich.

Es fällt auf, dass schon im 19. Jahrhundert die Mode auf die Erste Frauenbewegung reagierte: mit einem Schlankheitsdiktat für die bürgerlichen Frauen (das arbeitende Volk hatte sich bei Kräften zu halten, egal ob Mann oder Frau). Die Wespentaillen-Schönheiten in den Salons fielen reihenweise in Ohnmacht und mussten aus ihren Fischgrätkorsetts geknüpft werden. Frauenrechtlerinnen antworteten darauf mit den locker fallenden »Reformkleidern« und den bauschigen Bloomer-Hosen. Darin konnten Frauen sich bewegen, ja sogar Rad fahren (was für Frauen damals revolutionär war).

Ende der 1960er-Jahre war Twiggy mit ihrem magersüchtigen Mädchenkörper, der so gar nichts Frauliches mehr hatte, die prompte Antwort auf die wieder erstarkende Frauenbewegung. Die Männergesellschaft machte aus den Powerfrauen kleine Mädchen – und so mancher Modeschöpfer aus seinem Degout vor weiblichen Rundungen keinen Hehl mehr. Und dann ging es Schlag auf Schlag. Mitte der 80er-Jahre löste der EMMA-Sonderband die ersten Selbsthilfegruppen aus, die heute das ganze Land überziehen. Auch an Studien und Warnungen vor der »neuen Frauensucht« mangelt es heute nicht mehr. Doch kann das Werbung und Mode nicht bremsen: Die als ideal propagierten Frauenkörper werden immer unweiblicher, immer zerbrechlicher, immer kindlicher, immer knabenhafter. Es ist, als sollten sie niemals Frauen werden.

Und die Modebranche arbeitet mit tückischen Methoden. Sie hob die Größen: Was früher Größe 40 war, ist jetzt Größe 42. Gleichzeitig ist die »Idealgröße« für Frauen heute 38, statt wie früher Größe 40. Macht zusammen eine Differenz von zwei Kleidergrößen. Eine Frau, die früher mit Größe 40 oder 42 zufrieden war, muss also heute Größe 38 (früher 36) oder 36 (früher 34) anstreben. Und die H&M-Generation hat im Idealfall zwischen 34 und 36.

Im wahren Leben jedoch gilt der umgekehrte Trend: Die Körper der Frauen im Westen werden von Jahr zu Jahr größer und kräftiger. So maßen die Hohensteiner Institute, die seit den 60er-Jahren die deutschen Frauen repräsentativ vermessen, 1981 eine Durchschnittsgröße von 1,62 Meter plus Hüftumfang von 98 Zentimetern; 1995 waren es dann schon 1,65 Meter plus 101 Zentimeter; nur vier Jahre später, 1999, war der durchschnittliche Hüftumfang schon auf 104 Zentimeter angewachsen (Busen: 100 Zentimeter).

Während die Frauenkörper immer mehr Raum einnehmen, wird also das Ideal immer verschwindender. Diese sich kontinuierlich vergrößernde Kluft zwischen Ideologie und Realität muss die Frauen ja in die Schizophrenie treiben. Real werden sie von Jahr zu Jahr stärker, ideal aber sollen sie immer zarter sein. Wie soll das gehen? Eben gar nicht.

Die realen Frauen sind längst abgeschafft. Selbst die halb totgehungerten Models werden an den Computern noch mal »schlanker« gemacht. Die Idole, die wir zu sehen bekommen, sind längst keine Menschen aus Fleisch und Blut mehr, sondern Computersimulationen. Heraus kommt für Millionen Frauen ein chronisch schlechtes Gewissen, nicht dem Ideal zu entsprechen, plus dauerhafte Minderwertigkeitsgefühle.

Die Jugendbefragung des Koch-Institutes zeigte, dass Jungen sich mit zunehmendem Alter wohler fühlen in ihrem Körper, Mädchen jedoch immer unwohler. Eine Generation, die sich die Frauenpower auf die Fahnen geschrieben hat, ist im Begriff, sich körperlich selbst zu vernichten. Und wer nicht an den Essstörungen stirbt, trägt lebenslange körperliche und seelische Schäden davon – oder raubt sich zumindest über weite Strecken die Lebensfreude.

Längst hat die Hungersucht epidemische Züge angenommen, ExpertInnen sprechen von einer Massenpsychose. In Ländern wie Spanien oder Großbritannien hat die Politik angefangen zu handeln. London rief die Verantwortlichen, von Mode bis Medien, erstmals 2001 an einen runden Tisch. Und Spanien, das 1999 erste »Empfehlungen« an die Modeindustrie erlassen hatte, verbot 2006 gesetzlich Models mit einem Body-Mass-Index unter 19. Allein der Modemacher Antonio Pernas musste daraufhin alle seine 18 Models auswechseln. Gesundheitsministerin Salgado traf ein Abkommen mit Modeketten wie Zara und Manga: Models und Schaufensterpuppen sollen wieder Rundungen bekommen. Salgado: »Ich will keine Skelette mehr auf dem Laufsteg sehen!« – Reaktion: »Tausende begeisterte E-Mails aus aller Welt.«

Und Deutschland? »Bisher ist es leider so, dass das Thema Essstörungen in der Politik nicht gehört wird«, klagt Andreas Schnebel, Präsident des Bundesfachverbandes Ess-Störungen (BFE), in dem 33 Kliniken und Beratungsstellen organisiert sind. Doch Besserung scheint in Sicht: Die Gesundheitsministerin fängt an, sich Fragen zu stellen.

Das Allerschlimmste bei allem ist: Die Frauen selbst sind sich beim Schlankheitswahn die ärgsten Feindinnen. Nachdem sie die äußeren Fesseln abgelegt haben, legen sie sich selbst in innere. Ist die Emanzipation zu schnell gegangen? Kann die Psyche der Ratio nicht immer folgen? Sicher, Frauen haben trotz Emanzipation noch lange nicht die Definitionsmacht. Das zerstörerische Frauenideal wird von männerdominierten Branchen – wie Mode, Werbung, Film – diktiert. Aber es wird von einer Mehrheit der Frauen exekutiert.

Es sind vor allem die Frauen, die Bemerkungen des Stils machen wie: Du bist aber dicker geworden! Sie sind die gnadenlosen Vollstreckerinnen der Magersucht. Die Mehrheit der

Männer findet an diesen unsinnlichen Knochengerüsten in Wahrheit keinen Gefallen – gleichzeitig aber sind sie es, die das Ideal von der körperlich entweiblichten Frau geschaffen haben. Die homosexuellen Männer, gerade in der Mode, denen Knabenkörper besser gefallen als Frauenkörper, mögen dabei eine Rolle spielen. Es bleibt jedoch der eigenartige Widerspruch, dass die Männergesellschaft objektiv ein Frauenideal schafft, das den meisten Männern subjektiv missfällt. Ideologie sticht Realität.

8

Pornografie ist geil

Woran erkennen wir, ob ein Bild oder ein Text pornografisch ist? An der Menge der Haut, die zu sehen ist? Nein. Daran, dass es um Sex geht? Nein. Am Grad der Erotik? Schon gar nicht, im Gegenteil. Wir erkennen Pornografie an der Verknüpfung von sexueller Lust mit der Lust an Erniedrigung und Gewalt – und zwar für Täter wie Opfer. Was das Gegenteil von Erotik ist, bei der es keine Hierarchie gibt, nichts festgelegt ist, sondern alles offen.

Der Begriff Pornografie stammt übrigens aus dem Griechischen und bedeutet ursprünglich »Über Huren schreiben«. In der Pornografie von heute geht es nicht mehr nur um »Huren«, sondern um alle Frauen.

Sind jetzt alle Frauen Huren? Drei Beispiele, die eine Antwort auf die Frage geben:

Beispiel 1: Die Frau liegt im schwarzen Badeanzug an einem surrealistischen, menschenleeren Strand auf dem Rücken, die Augen wie ohnmächtig halb geschlossen, den grellroten Mund leicht geöffnet. Über sie gebeugt ist ein Mann, mit nacktem, muskulösem Oberkörper, er drückt die Arme der Frau auf beiden Seiten nieder. Daneben steht ein zweiter halb nackter Mann, drei weitere (noch) angezogene Männer nähern sich. Die Stimmung ist unheimlich, ja bedrohlich. Das Ganze

119

ist eine Werbung von Dolce & Gabbana – für Jeans und Badeanzüge, veröffentlicht im Frühling 2007.

In Spanien protestierte das Frauenministerium gegen die Anzeige, sie musste zurückgezogen werden. Das Gleiche in Italien, wo sich auch Amnesty International dem Protest anschloss und die größte Gewerkschaft mit einem Boykott der Marke drohte, wenn Dolce & Gabbana sich nicht entschuldige. Sie taten es. – Übrigens: Gang Bang, Gruppenvergewaltigung, ist eines der beliebtesten Pornomotive und boomt im Leben vor allem in Italien seit Mitte der 70er, in direkter Reaktion auf die »Donne in Revolte.«

Beispiel 2: Sie liegt in der Herrentoilette auf dem Rücken, die gespreizten Beine Richtung Pissoirs. Allein. Ihre Augen sind weit aufgerissen, die Pupillen haben die Starre einer Toten. Sie trägt Modeschmuck, Ohrringe und eine dreireihige Perlenkette, dazu eine schwarzrote Weste, einen rosa Rock, Netzstrümpfe an Strapsen und goldene Pumps. Auf dem Boden neben ihr liegt ihre Jacke und die geöffnete Handtasche, aus der rosa Perlen quellen. Also kein Raubmord. Ein Lustmord. Die *Spiegel*-Bildzeile zu dem Foto lautet: »Tatort Toilette: Shinohara Ryoko, tot auf dem Herrenklo, in einem Kleid von Vivienne Westwood«. Aufgenommen von dem Modefotografen Izima Kaoru, der, ganz wie seine Kollegen Nobuyoshi Araki und Helmut Newton, längst als museumswürdig gilt. Kaoru ist nicht irgendein Modefotograf, sondern ein »Künstler«, was wir schon daran erkennen sollen, dass er seine Models »Ort und Art ihres Todes frei wählen lässt«, wie der *Spiegel* zu berichten wusste.

Dieses Foto und weitere rissen eine Journalistin der *Süddeutschen Zeitung* zu der schwärmerischen Anmerkung hin: »Trotz ihres gewaltsamen Todes vermitteln alle Frauen eine subtile Erotik, die die Fantasie des Betrachters nährt.« Wessen

Fantasie? Die des Herrn, der das Kleid zwar bezahlen musste, dafür aber wenigstens davon träumen darf, dass er sie im Männerklo kaltmacht? Oder die der Dame, der ganz heiß wird, wenn sie an ihren Preis denkt für ihr Eindringen in die Männerdomäne Männerklo?

In Frankreich musste die Projektion von ebenfalls unter dem Label »Kunst« präsentierten Folterpornos von Kaorus Vorbild Araki, der seine Karriere im Porno-Underground begonnen hatte, auf dem Fotofestival in Arles 1996 wegen anhaltender Proteste des Publikums abgebrochen werden. »Das sind ja KZ-Fotos«, rief eine empörte Pariser Galeristin. Die Ausstellung »Tokyo Novelle« wanderte von da aus ins Kunstmuseum Wolfsburg. Unbeanstandet. Besonders in Deutschland funktioniert das gut: Es muss nicht Kunst sein, es muss nur Kunst draufstehen. Dann ist alles erlaubt. Die Pornografen wissen das seit Jahrzehnten zu nutzen.

Und noch ein drittes, nur scheinbar ganz anderes Beispiel: Sido, der brutalste unter den deutschen Brutalo-Rappern, tritt auf. Im Saal Jungen wie Mädchen, sie kreischen gemeinsam zu Sidos »Arschficksong«. Der geht so: »Es fing an mit 13 und 'ner Tube Gleitcreme / Da braucht man nicht erst lockern, sondern kann ihn gleich reinschieben / Kathrin hat geschrien vor Schmerzen, mir hat es gefallen / Ihr Arsch hat geblutet, und ich bin gekommen. / Seit diesem Tag singe ich den Arschficksong.« Und die Mädchen singen mit. Sie halten das für »geil«, sie sind solche Sprüche gewohnt. »Ich fick dich in den Arsch« ist heute Standard auf den Schulhöfen der Hauptschulen und nicht nur der.

Als Sidos Kollege Bushido vor zwei Jahren röhrend ankündigte, er wolle »Tunten vergasen«, da ging ein Aufschrei durch die Öffentlichkeit. MenschenrechtlerInnen und Homo-Organisationen protestierten bei der Plattenfirma Universal. Mit

Erfolg. Bushido musste sich für seine »Dummheit« entschuldigen und die entsprechende Textstelle auf dem schon fertigen Album streichen. Gegen den allgegenwärtigen Frauenhass der Brutalo-Rapper protestieren keine Menschenrechtsorganisationen. Schwulenhass scheint eben politisch unkorrekter zu sein als Frauenhass.

Ja, alle Frauen sind Huren. Zumindest suggeriert uns das der Blick, der auf ihnen ruht. Während die Frauen selbst zunehmend zum Subjekt ihres Lebens werden, macht der Blick der männerdominierten Kulturindustrie sie verstärkt zum Objekt. Wir kennen das aus der Politik: Propaganda kann schwerer wiegen als Realität. Und Pornografie propagiert nicht zufällig in Zeiten der zunehmenden Gleichberechtigung Frauenverachtung und Frauenhass – ihr liebstes Objekt ist dabei die Powerfrau.

Vergewaltigung, Folter und Frauenmord grassieren seit Jahrzehnten in Popkultur, Film und Werbe- beziehungsweise Modefotografie. Würden solche Fotos, Filme und Texte zum Beispiel mit Schwarzen inszeniert – also der augenrollende Neger mit dem Rhythmus im Blut, der gerne seinem Herrn dient und vom Ku-Klux-Klan ganz sexy aufgehängt oder von Glatzen dekorativ zusammengeschlagen wird –, dann kämen solche Bilder selbstverständlich gar nicht erst auf den Markt, sondern würden schon vorab als »rassistisch« indiziert, beziehungsweise sie wären nur illegal zu konsumieren. Aber in dem Fall sind es ja nur Frauen, und das hat bisher bestenfalls ein paar Feministinnen und Gleichgesinnte empört.

Und Achtung! Bis jetzt war nur von der pornografisierten Kultur die Rede und noch nicht von der Ware, die zu Beginn des 21. Jahrhunderts als »Pornografie« gehandelt wird. Da geht es noch härter zu. Der größte Sex- und Pornomarkt ist heute das Internet. So fanden sich im März 2007 in der Internet-

Suchmaschine Google unter dem Stichwort »Sex« 377 Millionen Links, bei Yahoo 499 Millionen; und unter »Pornography« 17 Millionen Links, bei Yahoo 80 Millionen! Die beiden Genres lassen sich aufgrund der umfassenden Pornografisierung der Sexualität allerdings kaum noch auseinanderhalten.

Prinzipiell könnte der virtuelle Raum selbstverständlich auch im sexuellen Bereich neue Freiheiten eröffnen – aber er birgt eben auch neue Gefahren. Darauf deutet schon die Tatsache hin, dass 82 Prozent der »häufigen Internetnutzer« Männer sind.

Die neue Dimension des Mediums ist die Interaktion. Hier wird Pornografie oft nicht mehr nur passiv konsumiert, sondern auch aktiv produziert und interaktiv konsumiert. Ein Effekt, der die Intensität der Wirkung verstärkt. Die Trennung zwischen »virtuell« und »real«, wie sie von manchen noch gemacht wird, ist in Wahrheit unhaltbar. Denn das wichtigste menschliche Sexualorgan ist das Gehirn – und das ist im Internet voll im Einsatz.

Allerdings ist die Wirkung nicht bei jedem gleich. So veröffentlichte das Hamburger »Institut für Sexualforschung« 2006 ein Resümee internationaler Studien, die beweisen: Die Wirkung von Pornografie hängt von zahlreichen Faktoren ab. Angefangen bei der situativen Verfassung des Konsumenten (ob gelassen oder wütend, nüchtern oder betrunken) bis hin zum familiären Milieu und kulturellen Kontext (ob aus Gewalt- oder aus emanzipierten Verhältnissen, geliebt oder traumatisiert).

Die höchste Risikogruppe ist die mit einer »feindseligen Männlichkeit und Promiskuität«, also Männer mit einem hohen Frauenkonsum plus niedriger Meinung und aggressiver Haltung zu Frauen. Eine amerikanische Studie von Malamuth/Addison/Koss mit 1713 repräsentativ ausgewählten Studenten

ergab: Rund jeder achte Mann gehört zu dieser Höchstrisikogruppe. Übrigens, alle diese wissenschaftlichen Studien werden
quasi ausschließlich mit Männern gemacht. Grund: Es sind fast
nur Männer, die Pornografie konsumieren beziehungsweise sexuelle Gewalt ausüben.

Im Frühling 2007 schlug der Münchner Neuropsychologe
Prof. Henner Ertel Alarm. Sein ›Institut für rationelle Psycho-
logie‹ macht seit 30 Jahren Langzeitstudien zu den Auswirkungen von Pornografie. Bei der Auswertung der Daten aus
den letzten 20 Jahren stellten die WissenschaftlerInnen »eine
dramatische Entwicklung in den letzten fünf Jahren« fest:
»Was da auf unsere Gesellschaft zukommt, ist das Grauen.«
Die Psychologen registrieren veränderte Verhaltensweisen –
»Gewalt ist heute ein legitimes Mittel, Ansprüche durchzuset-
zen« – und die Neurologen Veränderungen im Gehirn: »Das
Gehirn passt seine Verarbeitungsstrategien an und schützt sich
gegen die Flut von Gewalt und Pornografie durch Abstump-
fung.« Ertel: »Emotionale Intelligenz und Empathiefähigkeit
haben bei den Jugendlichen enorm abgenommen. Sexualität
ist heute für die Mehrheit der jungen Männer, aber auch für
viele junge Frauen unlösbar mit Gewalt verknüpft. Wobei die
Männer sich mit den Vergewaltigern identifizieren, die Frauen
mit den Vergewaltigten.«

Zusätzlich alarmierend: Nicht nur die sexuelle Kommunikation, auch das allgemeine Einfühlungs- und Mitleidensver-
mögen sinkt bei den KonsumentInnen von Pornografie rapide,
und KonsumentIn ist heute die überwältigende Mehrheit unter den Jugendlichen. Verantwortlich sind die Medien, allen
voran das Internet. Steuern wir auf eine herz- und seelenlose
Zukunft zu?

Einige Monate zuvor, im Februar 2007, war der *Stern*
hochgeschreckt. In seiner Geschichte »Voll Porno« beklagte

das Blatt die »sexuelle Verwahrlosung«, vor allem der »Unterschicht«, infolge des Pornokonsums (was so nicht zutrifft: Es betrifft alle Schichten). Bisher habe sich ja leider niemand dafür interessiert, wie der Pornokonsum »die Sexualität und die Persönlichkeit verändert«, klagte das Blatt. Dabei sei das so alarmierend, dass jetzt sogar Pädagogen, Sexualwissenschaftler und Hirnforscher warnen und nicht nur »verklemmte Spießer, Fundamentalfeministinnen oder prüde Kirchenmänner«.

Mit »Fundamentalfeministinnen« sind wohl »prüde Emanzen« wie ich gemeint, die nicht erst 2007, sondern bereits 1977 vor der Pornografie und ihren Folgen warnten, nicht zuletzt vor der Pornografie im *Stern*. Schade eigentlich. Schade, dass ausgerechnet das Blatt, das durch den 1978 von EMMA initiierten Prozess gegen seine pornografischen, frauenerniedrigenden Titelbilder eine so historische (wenn auch wenig rühmliche) Rolle beim Kampf gegen die Pornografisierung von Medien und Kultur gespielt hat, die Entwicklung und Forschung der letzten 30 Jahre glatt verpennt hat. Oder auch einfach nicht für so wichtig hielt.

Aber damit steht der *Stern* nicht allein. Erst ganz allmählich, nach der nicht mehr rückgängig zu machenden Pornografisierung mehrerer Generationen – und den alltäglichen Fällen vergewaltigender und mordender Männer, die die konsumierten Pornos spiegelgleich im Leben nachstellen –, erst jetzt kommt Sorge auf. Jetzt, wo es vielleicht zu spät ist.

Doch reden wir zunächst vom Geschäft. 1998 hat *The Economist* den weltweiten Handel mit Pornografie auf rund 20 Milliarden Dollar Umsatz im Jahr geschätzt, das sind 20.000 Millionen. Seither boomt es. 2006 wurde allein für die USA der Umsatz nur mit Pornofilmen auf 9–12 Milliarden Dollar geschätzt (ganz Hollywood setzt 9 Milliarden um).

Und, good news: Als zweitgrößter Pornomarkt der Welt gilt Deutschland, direkt nach den USA. Monatlich erscheinen in Deutschland über tausend neue Porno-DVDs. Der deutsche Jahresumsatz allein im DVD-Bereich wird zurzeit auf 800 Millionen geschätzt, Tendenz steigend. Bei der – dank des billigen Menschenmaterials – branchenüblichen Gewinnspanne von 500 bis 1000 Prozent sind das Summen, die sich die Profiteure ungern entgehen lassen.

Und es erschließen sich immer neue Märkte. Zum Beispiel die Handypornografie, die stramm auf dem Vormarsch ist und für die Analysten für das Jahr 2009 einen Umsatz von zwei Milliarden Dollar prognostizieren. Klar, dass dieser Markt schon lange nicht mehr nur in Schmuddelhänden und auch nicht mehr nur Sache der Mafia ist. Pornoaktien werden inzwischen hoch gehandelt an den Börsen dieser Welt. Und der Boom ist dank der neuen Medien nicht aufzuhalten. Genauer: Die neuen Medien verdanken überhaupt nur der Pornografie ihre Expansion. Ohne dieses lukrative Pornogeschäft hätten sich Video, DVD oder Internet gar nicht in dieser rasenden Geschwindigkeit entwickeln und verbreiten können.

In dieser rundum pornografisierten Kultur muss sich die eigentliche Pornoindustrie immer stärker spezialisieren. Neben den sogenannten »Features«, in denen die Geschlechtsakte noch mit einer dürftigen Story bemäntelt sind, machen heute vor allem »Gonzos« Kasse: In Gonzos wird nur noch gerammelt, in alle Löcher und in Nahaufnahme. Versteht sich, dass die Auswirkungen auf die sexuellen Fantasien vor allem der noch formbaren Jugendlichen entsprechend sind, vor allem, da Pornogucken unter »echten« Jungen schon lange Pflicht ist: Wer nicht mitmacht, gilt als Memme beziehungsweise als »schwul«. PädagogInnen berichten heute von sechsjährigen

Jungs, die Vergewaltigung spielen, und elfjährigen Mädchen, die beunruhigt sind, weil sie noch nie Sex hatten. Das ist kaum noch zurückzuholen.

Es hätte nicht so weit kommen müssen. Schließlich warnen nicht nur »Fundamentalfeministinnen«, sondern auch Pädagogen, Psychologen und Kriminologen schon seit Langem, genau gesagt seit 30 Jahren. Und nun kommen auch noch die Neurobiologen hinzu. So bestätigt Klaus Mathiak von der Universität Aachen dem *Stern*: Selbstverständlich sei die »Katharsis-Hypothese widerlegt«, also die Annahme, dass der Pornokonsum die sexuelle Spannung abbaut. »Wir wissen, solche Filme wirken eindeutig verstärkend.« Auch das hätte man seit Langem wissen können. Mathiak weiter: »Vom Anblick leidender Menschen sexuell stimuliert zu werden, dazu muss man die Empathie ausschalten, sonst wirkt es nicht. Und das muss man erst lernen – indem man es immer und immer wieder anschaut.« Indem man immer und immer wieder Gewaltpornos konsumiert – oder im Internet surft, Computerspiele macht oder in Zeitschriften blättert, schon das genügt.

Der permanente Pornokonsum prägt also nicht nur die Software, das Begehren, sondern wird auch auf der Festplatte gespeichert, im menschlichen Gehirn. Die Spuren des veränderten Begehrens nach Pornokonsum können heute physiologisch nachgewiesen werden. Und auch in dem Bereich gilt die Wechselwirkung zwischen Prägungen und Festschreibungen.

Dass es einen Zusammenhang zwischen Fantasie und Tat gibt, ist beim Sexismus so selbstverständlich wie beim Rassismus oder Antisemitismus. Für die beiden letzteren Gruppen wird das auch schon lange nicht mehr geleugnet, Hasspropaganda gegen »fremde Rassen« oder Juden wird gesetzlich geahndet. Nur beim Sexismus scheint das dem Gesetzgeber bisher nicht der Rede wert, dabei legt gerade der das Fundament des gesamten hierarchischen Denkens. Warum sollte ein junger Mann, der seine geprügelte Mutter und die missbrauchte Schwester verachtet, Respekt vor Fremden haben?

Was in diesen letzten 30 Jahren ebenfalls nicht bedacht wurde, ist: Der pornografisierte Mann desensibilisiert sich nicht nur gegenüber den Frauen (beziehungsweise den in einen Frauenpart gestoßenen Männern), sondern er verliert die Empathiefähigkeit für alle Menschen und Lebewesen. Verschärfend kommt hinzu, dass bereits die Gewalt an sich sexualisiert ist, dank der systematischen Verknüpfung von Sexualität & Gewalt. Darum spielt es zum Beispiel eigentlich auch keine Rolle, ob die Frauenleiche davor oder danach noch vergewaltigt wurde – es kann auch ohne diesen Akt ein »Lustmord« gewesen sein, wie es so nett heißt.

Das alles könnte seit Langem im öffentlichen Bewusstsein sein, und entsprechende Maßnahmen hätten schon vor 30 Jahren ergriffen werden können. Denn bereits in den 70er-Jahren reagierte die Wissenschaft auf den, nach de Sade Anfang des 19. Jahrhunderts, zweiten Schub der Demokratisierung von Pornografie mit ersten Erforschungen der Folgen. Zunächst in Amerika, wo die Sensibilisierung durch Feministinnen früher begann als in Europa und wo zum Beispiel der Psychologe Prof. Edward Donnerstein eine Untersuchung mit männlichen Studenten nach dem bekannten Milgram-Experiment machte. Dabei werden Menschen aufgefordert, ihnen Unbekannten für deren angebliches Versagen zur Strafe Stromstöße zu versetzen (sie wissen nicht, dass der Strom nicht angeschlossen ist). Donnerstein zeigte der ersten Gruppe vorher eine Szene aus einer Talkshow, der zweiten eine Sexszene und der dritten einen Hardcoreporno mit Vergewaltigung. Die Probanden der dritten Gruppe »bestraften« ihr Opfer viel härter für deren »Versagen« als die der anderen Gruppen – allerdings bestraften sie nur die Frauen. Später variierte Donnerstein das Experiment und zeigte zweierlei Pornos: solche, in denen Frauen ihre Schmerzen zugaben – und solche, in denen die Frauen die Gewalt »genossen«. Mit dem Resultat, dass die Probanden der zweiten Gruppe ihre Opfer noch härter malträtierten als die anderen. Und genau das suggeriert ja auch der klassische Porno: dass die Opfer es auch noch genießen.

In den 80er- und 90er-Jahren gab es dann eine ganze Reihe von Wirkungsforschern, die viel über das Ausmaß des Pornokonsums und seine Auswirkungen herausfanden, auch in Deutschland. So belegte der Bamberger Psychologe Prof. Herbert Selg, dass der Kartharsis-Effekt unhaltbar ist und Pornografie keine Aggressionen abbaut, sondern sie im Gegenteil erzeugt. Und der Neuropsychologe Prof. Henner Ertel stellte schon 1990 bei der Befragung von 9000 Männern und Frauen fest, dass die Mehrheit der Jungen nicht nur frei zugängliche, sondern auch indizierte Pornografie konsumiert. Er warnte bereits damals vor dem »Abstumpf-Effekt«, der bereits beim Konsum von drei, vier Pornos in der Woche eintritt, und der »Gefahr, die eine Erotisierung von Gewalt mit sich bringt« – und sieht sich jetzt knapp 20 Jahre später dramatisch bestätigt.

Bereits 1988 kannten 82 Prozent der 1400 befragten Grundschüler Pornos, doch die Mädchen waren »Gewaltdarstellungen in Medien gegenüber kritischer eingestellt« (so der Augsburger Pädagoge Prof. Werner Glogauer). Und laut einer Untersuchung des Hamburger Instituts für Sexualforschung hatten Anfang der 90er-Jahre lediglich vier von zehn Frauen zwischen 18 und 65 schon mal einen Porno gesehen, zwei von drei fanden ihn »ekelerregend« und »abstoßend«.

Die immer wieder unterstellte Freude von Frauen an Pornografie hält sich bis heute in Grenzen. Wenn sie überhaupt gucken, dann meistens Männern »zuliebe«. Und die ab und an propagierten »Pornos für Frauen« sind genauso plötzlich wieder verschwunden, wie sie aufgetaucht waren. Sie sind auch ein Widerspruch in sich. Denn die rein genitale Sexualität ist traditionell eher Männersache, Frauen funktionieren erotisch komplexer. Das direkt Genitale und die Gewalt sind jedoch das Wesen von Pornografie – was sich für Frauen nicht einfach umdrehen oder zwischen Frauen kopieren lässt.

Dass der Pornoboom eine direkte Reaktion auf die Emanzipation ist, zeigt auch seine Geschichte. Der erste berühmte und gesellschaftsfähig gewordene Pornofilm war 1972 »Deep Throat«. In diese Zeit, in der der »Women's lib« Furore machte und die Frauen der westlichen Welt »ihre« Sexualität entdeckten – und mit ihr das zentrale weibliche Sexualorgan, die Klitoris –, war dies nicht zufällig die »Story« des Films: Die weibliche Hauptdarstellerin Linda Lovelace hatte die Klitoris nicht zwischen den Schamlippen, sondern – im Rachen. Es durfte ihr also das Maul gestopft werden. Der Film, dessen Produktion 25.000 Dollar gekostet hatte, spielte sechs Millionen ein. Und es galt als fashion, ihn zu sehen, also standen auch Jack Nicholson und Jackie Kennedy in New York in der Schlange an der Kinokasse.

20 Jahre später veröffentlichte Linda Lovelace alias Linda Boreman in einer Autobiografie ihre Wahrheit. Das Mädchen aus strengem, puritanischem Hause hatte sich mit 20 in den Ex-Marine und Vietnamveteran Chuck Traynor verliebt. Der holte sie raus aus dem Elternhaus und rein ins Rotlichtmileu; das erste Mal mit fünf Geschäftsmännern in einem Hotelzimmer. »Zieh deine Kleider aus, oder du bist eine tote Nutte«, herrscht Traynor die ahnungslose Linda an. Von nun an wird sie unter seinen Schlägen sein williges Werkzeug. Er prügelt sie auch auf dem Set grün und blau und zwingt sie, mit vor-

gehaltener Pistole, zum Sex mit Hunden (eine in Diktaturen gängige Foltermethode für Frauen). Ihren Rachen weitet er für »Deep Throat« mit einem Gartenschlauch. Der Film gilt bis heute als Meilenstein im Kampf gegen das prüde Amerika – und wurde zum Auslöser des Protestes von Feministinnen gegen Pornografie.

34 Jahre später, im Oktober 2006, veranstaltete die Berliner Volksbühne, die sich als links und gesellschaftskritisch versteht, eine »Post Porn Politics Conference«. Denn so, wie in diesen Kreisen nicht mehr vom Feminismus, sondern vom Postfeminismus geredet wird, so heißt das jetzt auch nicht mehr Pornografie, sondern Postpornografie. Was damit gemeint ist? Darauf gibt Veranstalter Tim Stüttgen Antwort: »Postpornografie behauptet mit performativer Übersteigerung kritisch-revolutionäres Potenzial im sexuellen Repräsentations-Regime. Doch Achtung: Die obige Behauptung ist Camp, eine brüchige Geste zwischen implizit kritischer, denaturalisierender Performance und glamouröser Affirmation (Brecht/Warhol). Das heißt aber nicht, dass sie nicht in der Realität wirksam werden kann.« Alles klar?

Der ganz und gar unglamouröse Star dieses postpornografischen Volksbühnen-Spektakels war Annie Sprinkle, »die Mutter von Postporno«. (Frauen können im Kulturbetrieb anscheinend immer nur Töchter, Mütter oder Großmütter sein.) Die frühere Prostituierte (»Sexarbeiterin«, wie es im Volksbühnen-Jargon heißt) ist heute nicht nur offen lesbisch, sondern auch »Performancekünstlerin« und »Prosexfeministin«. Sie setzte sich mit gespreizten Beinen auf einen Stuhl und ließ die ZuschauerInnen durch ein Spekulum in ihren Vaginalgang schauen. Feministischen Pionierinnen wird das bekannt vorkommen. Denn das machten die frühen »Selbsthilfegruppen«, um ihren »Körper zu entdecken«. Sie machten es allerdings weder für Geld noch vor Publikum, sondern nur innerhalb kleiner, geschlossener Frauenzirkel. Es ist die traurige Wahrheit: Gerade ein Teil der sich als fortschrittlich verstehenden Kultur ist Schrittmacher bei der fortschreitenden Pornografisierung der Kultur: von der bildenden Kunst über das Theater und den Film bis zur Literatur. Und Frauen machen dabei mit, weil sie »modern« sein wollen beziehungsweise davon profitieren.

An der Ostberliner Volksbühne hielt man Ms Sprinkles Pervertierung frühfeministischer Aktionen für einen unerhörten Tabubruch. Und vielleicht stimmt das ja sogar. Nichts ist schließlich pornografischer als der entblößte Feminismus. Und das In-die-Körper-der-Frauen-Hineinkriechen wäre nur noch zu übertreffen durch die Demontage der Frauenkörper. Doch auch das ist schon gelaufen, wenn auch noch nicht in Berlin. In Amerika tauchten bereits Ende der 70er-Jahre die ersten Snuff-Pornos auf, gedreht in Südamerika. Snuffs, das sind Pornofilme, für die Frauen und Kinder real getötet werden. Snuffs werden weiterhin weltweit produziert, und die letzten Kriege haben kräftig Nachschub geliefert. Soldaten im Kosovo, in Afghanistan oder im Irak stellen Fotos und Filme von Vergewaltigungen, Tötungen und Leichen ins Internet beziehungsweise kommerzialisieren sie via illegale DVDs. Wobei nicht immer sicher zu sagen ist, ob hier Kriegsgewalt pornografisiert – oder ob sie zu diesem Zweck ausgeführt wurde.

In Deutschland erfolgte der erste Pornoschub nach der Liberalisierung des Sexualstrafrechts 1976 mit der weitgehenden Freigabe von Pornografie. Nun kroch die Pornografie raus aus den Schubladen und Hinterstuben, rauf auf die Titelseiten und rein in die Wohnzimmer. Pornografie begann normal zu werden.

Zur Sensibilisierung gegen diese Entwicklung initiierte EMMA 1978 eine erste Aktion. Ich verklagte, zusammen mit neun weiteren Klägerinnen – darunter Inge Meysel –, den *Stern* wegen seiner sexistischen Titelbilder. Auslöser war, Ironie der Geschichte, ein Titelfoto von Helmut Newton: die nackte Grace Jones in schweren eisernen Fußfesseln mit Kugeln, Sklavenfesseln eben.

Unsere Anwältin Gisela Wild trug damals vor: »Die Beklagten (der *Stern*) verletzten fortgesetzt und sogar zunehmend die Menschenrechte von mehr als der Hälfte der Bevölkerung, der Frauen. In eklatanter Weise verstoßen sie gegen deren Recht auf Menschenwürde und auf Gleichbehandlung, was zugleich das Recht auf Freiheit vor Diskriminierung beinhaltet. Durch derartige Abbildungen werden Frauen nicht nur als Objekt männlicher Lust dargeboten, sondern darüber hinaus als Mensch erniedrigt.«

Wir wussten, dass wir die Klage juristisch nicht gewinnen konnten, weil es für das, was wir da anklagten, noch gar kein Gesetz gab. Es ging uns um Sensibilisierung des öffentlichen Bewusstseins und Anregung zu einem Gesetz, das Pornografie nicht länger als den »Verstoß gegen Sitte und Anstand« definiert, sondern als »Verletzung der Menschenwürde«. Außerdem erhofften wir die Einführung einer »Verbandsklage«, nach der Organisationen im Namen aller Frauen gegen solche Bilder klagen könnten. Denn schließlich waren und sind ja auch alle Frauen von diesen Bildern betroffen.

Die *Stern*-Klage hatte offensichtlich einen Nerv getroffen. Sie bewegte über Monate die Nation. Kein Stammtisch, kein Friseursalon, keine Redaktion, in der nicht das Pro und Contra heftig debattiert wurde. Am 26. Juli 1978 gab Richter Engelschall den Klägerinnen moralisch recht – auch wenn er uns juristisch enttäuschen musste. Der Richter drückte seine Hoffnung aus, dass es »in zwanzig Jahren« das von uns gewünschte Gesetz geben würde, und erklärte: »Die Kammer verkennt nicht, dass es ein berechtigtes Anliegen sein kann, auf eine der wahren Stellung der Frau in der Gesellschaft angemessene Darstellung des Bildes der Frau in der Öffentlichkeit und insbesondere den Medien hinzuwirken. Soll – wie es die Klägerinnen wünschen – die staatliche Gewalt mobilisiert werden, dann sind indes dafür nicht die Gerichte zuständig. Mit einem solchen Anliegen müssten sich die Klägerinnen an den Gesetzgeber wenden.«

Genau zehn Jahre später tat ich diesen Schritt. 1988 veröffentlichte EMMA einen Entwurf für ein neu gefasstes Anti-Porno-Gesetz, gemeinsam erarbeitet mit der späteren Hamburger und Berliner Justizsenatorin Lore Maria Peschel-Gutzeit, und eingebettet in die PorNO-Kampagne. Kern des Gesetzesvorschlags war die Definition von Pornografie als »Verstoß gegen die Menschenwürde«. Doch bis heute, 30 Jahre nach dem *Stern*-Prozess und 20 Jahre nach der PorNO-Kampagne, hat der Gesetzgeber es nicht für nötig gehalten, die Pornografie als Tatbestand neu zu definieren. Es gibt bisher nur sogenannte »richterrechtliche Definitionen«, die auf diversen Gerichtsurteilen basieren. Von einem »Verstoß gegen die Menschenwürde« jedoch ist da nicht die Rede.

Die PorNO-Kampagne löste Ende der 80er, ganz wie die *Stern*-Klage zehn Jahre zuvor, eine breite öffentliche Debatte aus, auch in den Medien; diesmal schon spürbar nachdenklicher. Die SPD, damals in der Opposition, berief ein Hearing ein, in dem die überwältigende Mehrheit der ExpertInnen aus Wissenschaft und Kultur die Auffassung vertrat, ein neues und wirkungsvolleres Gesetz gegen Pornografie müsse her. Folgen: keine.

Wiederum zehn Jahre später, 1998, forderte ein überparteiliches Bündnis von Spitzenpolitikerinnen – von Rita Süssmuth bis Ulla Schmidt – eine Neufassung des Pornografie-Gesetzes sowie die Einführung des juristischen Begriffes »Frauenhass« als »Volksverhetzung«. Strafbar sollten danach der Handel mit und der Besitz von Pornografie sein; nicht nur der von »Kinderpornografie«, sondern auch der, der Menschen über 14 Jahren missbraucht. Gleich nach den Wahlen 1998 kündigte Justizministerin Däubler-Gmelin (SPD) die Verabschiedung des »überfälligen Anti-Porno-Gesetzes« an sowie die Verankerung des Begriffes »Frauenhass« im Gesetz, parallel zum »Fremdenhass«. Ihre Nachfolgerin, Brigitte Zypries (SPD), nahm diese Absichten bisher nicht wieder auf. Im Gegenteil: Sie machte sich Anfang 2007 zwar EU-weit für eine schärfere Verfolgung von Rassismus stark, den Zusammenhang mit dem Sexismus jedoch scheint sie nicht wahrzunehmen.

Zur dritten EMMA-Kampagne gegen Pornografie wuchs sich meine Auseinandersetzung mit dem verstorbenen Fotografen Helmut Newton aus – für mich persönlich besonders lehrreich. Auch die endete, jedoch unbeabsichtigt, vor Gericht. Der Newton-Verlag Schirmer & Mosel verklagte EMMA 1994 wegen »unautorisierten Nachdrucks« der Bildzitate zu meinem Text. Ich hatte 19 Fotos abgebildet, um die Spanne von eindeutiger bis unterschwelliger Pornografie, vom Sexismus bis zum Rassismus, zu verdeutlichen. Die Münchner Kammer gab mir recht, qualifizierte meinen Text als »wissenschaftliche Analyse« – doch befand, ich hätte mich auf elf statt 19 Bilder beschränken sollen. Trotz der anfechtbaren Willkür dieser Entscheidung aufgrund eines fehlenden Gesetzes zum Recht auf Bildzitate hatte ich dann jedoch einfach keine Lust mehr, mit der nächsten Instanz noch mehr Zeit zu verlieren. Und das allgemeine Zitatrecht bei Bildern ist darum bis heute formaljuristisch nicht geklärt.

Zwar ist Newton, der Erfinder der Frauenleichen in der Modefotografie, ein paar Jahre nach seinem Tod schon fast vergessen, doch zu Lebzeiten hatte der Deutsch-Amerikaner mit seinen technisch perfekt inszenierten Fotos durchaus Schule gemacht, wurde hoch gehandelt und zog zu guter Letzt sogar in die Museen ein. Mir scheint der Fall Newton so besonders interessant, weil er das lehrreiche Beispiel eines Beinahe-Opfers und dessen Identifikation mit dem Aggressor ist.

Der 1920 in Berlin geborene Bürgerssohn flüchtete vor den Antisemiten gerade noch rechtzeitig nach Australien. Doch Newtons Fantasiewelt blieb lebenslang bevölkert von Fetischen aus den Folterkammern der Nazis, von Herren in Uniform und Gretchen in Stilettos beziehungsweise hohen Frauen, die die Peitsche schwingen. Bis Mitte der 70er-Jahre war Newton ein Fotograf wie viele. Erst mit der Frauenbewegung wurde er bekannt: Er lieferte einer verunsicherten Männerwelt den lüstern-erniedrigenden Blick auf die neuen Powerfrauen.

Hätten Newtons sadomasochistischen Fantasmen ihn in Albträumen gequält, wäre er ein Fall für die Analytiker geworden. Hätte er einen Blick in seine eigenen Abgründe gewagt, wäre vielleicht Kunst dabei herausgekommen. Aber Newton reproduzierte nur das banale Grauen. Newtons Fotos sind darum nicht Kunst, sondern Kunsthandwerk beziehungsweise Propaganda. Darin ist sich auch die Kunstwelt weitgehend einig. Er selber erhob für seine Fotos übrigens nie den Anspruch, es sei Kunst, im Gegenteil: »I am a gun for hire« (Ich bin ein Auftragskiller), hat er trocken gesagt.

Kurz vor seinem Tod 2004 boten er und seine Frau Alice die »Newton-Sammlung« Museen an. Paris lehnte dankend ab. Berlin nahm den »Heimgekehrten« mit offenen Armen auf. Seit 2004 residiert nun ein »Newton-Museum« in dem Fünf-Millionen-Bau in der Jebenstraße, gleich neben dem Bahnhof Zoo, unter der Regie der »Stiftung Preußischer Kulturbesitz«. Gezeigt werden, neben persönlichen Devotionalien, Newtons Fotos, von den Modefotos und Porträts bis zu seinen offen sadomasochistischen Fantasien. Schon bald nach Eröffnung rutschten die Besucherzahlen in den Keller. Seither ist, wie zu erwarten, der Unterhalt des Newton-Museums ein sehr teures Vergnügen. Der Berliner Senat mag trotz Nachfrage mit der genauen Summe nicht herausrücken. Er wird wissen, warum. Doch unter einer Million Euro Zuschuss im Jahr dürften die Zahlenden nicht davonkommen.

Was also tun in dieser durch und durch pornografisierten Welt? Es gibt nur eine Antwort: den Sexismus ernst nehmen. So ernst wie den Rassismus zum Beispiel. Wer das durchdekliniert – vom Theater und Museum über Mode und Werbung bis hin zur DVD und dem Internet –, der begreift, dass gehandelt werden muss. Auf allen Ebenen.

Ob der Zug noch zu stoppen oder mindestens abzubremsen ist, das werden wir in den kommenden Jahren sehen. Abgefahren ist er auf jeden Fall schon längst. Die von Psychologen und Neurologen konstatierte Brutalisierung des sexuellen Begehrens hat epidemische Ausmaße. Und der weit darüber hinausgehende Verlust von menschlicher Empathiefähigkeit spiegelt sich nicht nur emotional, sondern längst auch neural. Diese Unfähigkeit, mitfühlend mit Menschen zu sein, ist seit mehreren Generationen schon ins Gehirn gebrannt – die Folgen entnehmen wir täglich den Medien beziehungsweise erleben sie nebenan oder am eigenen Leibe.

Auch die Männer, das (zwangs)pornografisierte Geschlecht, haben also längst ein existenzielles Interesse daran, den Hebel umzuwerfen.

9 Prostitution wird es immer geben

Ein trüber Tag im Dezember 2006. Wir sitzen zu dritt in dem Zehn-Quadratmeter-Büro mit Blick auf eine regennasse Straße: Ellen Templin, ihr Mops und ich. Ich bin hier, weil sie mir geschrieben hat. Sie will mir erzählen, wie die Reform des Prostitutionsgesetzes von 2002 sich auf ihr Leben und das ihrer Kolleginnen ausgewirkt hat. Und überhaupt, was sich so verändert hat in diesen letzten 25 Jahren. Denn genau so lange arbeitet Ellen Templin, 58, als Prostituierte, Spezialisierung: Domina. Seit einigen Jahren hat sie ein eigenes kleines Domina-Studio mit Teilzeit arbeitenden Kolleginnen.

Die vier Arbeitsräume habe ich schon besichtigt: vom Klassenzimmer, in dem die strenge Lehrerin ihren Schülern eins hintendrauf gibt, wenn die ihr unter den Rock linsen; über die Arztpraxis, wo eine resolute Krankenschwester mit weißem Häubchen fachgerecht verarztet, bis zu den zwei kuscheligen Folterkammern mit den einschlägigen Accessoires: Peitschen, Andreaskreuz (zum Aufhängen) und Käfige. Die drei an diesem Nachmittag diensthabenden Frauen bereiten sich gerade vor: die hochgewachsene, gestiefelte Schauspielerin aus der Provinz, die in Berlin keine Stelle findet; die kindlich-mollige, depressiv wirkende Studentin, die mit dem BAföG nicht hinkommt, und die zierliche, alleinerziehende Mutter von zwei

Kindern, die »das auf keinen Fall jemals erfahren dürfen«. Von den FreundInnen und Verwandten dieser drei darf niemand es jemals erfahren, noch nicht einmal die Beziehungen wissen Bescheid. So ein Nachmittagseinsatz lässt sich ja auch gut kaschieren.

Auch Ellen Templin ist manchmal noch im Einsatz. Ihre Haare sind sehr blond, der Mund ist sehr rot, die Augen sind sehr blau. Doch der Blick ist verletzt, ja verzweifelt. Sie sagt: »Eines ist klar: In der sogenannten normalen Prostitution – dieser Fick-Leck-Blas-Geschichte –, da wäre ich ganz untergegangen. Das hätte ich nicht überlebt. Nur die Tatsache, dass ich nicht nur ein Loch war, sondern auch einen Kopf habe – nur das hat mich gerettet.«

Ihr Leben? Das Übliche. Der Vater, ein Beamter, hat die Mutter geschlagen und beide Töchter missbraucht, Ellen war von vier bis 14 dran. 90 Prozent aller Prostituierten haben laut UN-Studie Missbrauchserfahrungen (doch »nur« 25–35 Prozent der Frauen im Bevölkerungsdurchschnitt). Die Anzahl der als Kind missbrauchten Frauen ist also bei Prostituierten dreimal so hoch.

Mitte der 70er-Jahre zog Ellen von Ingolstadt nach Berlin, arbeitete als Kauffrau und lernte irgendwann diese Kollegin kennen, die »immer so toll angezogen war und immer Geld hatte«. Auch mal ein bisschen als Domina jobben? »Das hörte sich für mich ganz toll an. Dass ein Mann das macht, was eine Frau sagt.« Doch schon »nach dem dritten Mal« hatte sie begriffen: »Ich tat wieder das, was Männer von mir wollten – der einzige Unterschied: Jetzt bezahlten sie mich dafür.«

Ellen Templin ist in der Prostitution hängen geblieben. »Jetzt bin ich zu alt, um auszusteigen.« Stolz ist sie dabei nur auf eines: »Dass in meinem Studio klare Grenzen gezogen werden. Nicht ohne Kondom, kein Blut, keine Fäkalien, nichts mit

Uniform, keine KZ-Spiele.« Aber eigentlich schämt sie sich. Vor allem vor sich selbst. Neulich war sie beim Therapeuten. »Ich habe ihm gesagt, wie verzweifelt ich bin. Dass ich überhaupt nicht klarkomme damit, dass ich mich prostituiere. Da hat der mir geantwortet: Das ist doch gar kein Problem. Ich finde das gut, was Sie machen. Das ist doch jetzt auch ein richtiger Beruf.« Die so Gelobte hat das nur noch trauriger gemacht: »Früher hat man uns gesagt, mit uns stimme was nicht, weil wir Prostituierte sind. Jetzt stimmt mit uns was nicht, wenn wir nicht gerne Prostituierte sind.«

Doch wer wäre schon gerne Prostituierte? Sicher, wer einmal drinhängt, hat die Tendenz, sich und anderen etwas vorzumachen und aufzutrumpfen. Das geht zum Beispiel Hausfrauen ohne eigenes Einkommen nicht anders, Stil: Mein Mann ist nett, ich bin glücklich! Oder: Ich bin gerne Prostituierte, mir macht das Spaß! Doch es braucht für eine Frau – und vermutlich auch für manchen Mann – nicht viel Fantasie und kein großes Einfühlungsvermögen, um zu ahnen, dass es das Grauen sein muss. Sich für ein paar Scheine den Körper und die Seele antatschen lassen! Und so manches Mal das Leben riskieren. Denn es wird immer härter. »So schlimm wie in den letzten Jahren war es noch nie«, sagt Templin. »Die Freier sind völlig enthemmt seit der Legalisierung der Prostitution. Neuerdings fragen sie mich schon am Telefon, ob sie auch ins Gesicht spritzen können … In einem Domina-Studio! Was mag da erst auf dem normalen Strich los sein!«

Was den deutschen Prostituierten heute so besonders zu schaffen macht, sind einerseits die willigen, billigen Ausländerinnen, inzwischen in Deutschland 70–80 Prozent aller Prostituierten, die für wenig Geld alles machen (müssen) – und ist andererseits die Verharmlosung, die neue Gesellschaftsfähigkeit von Prostitution. Das macht die Freier immer hemmungsloser, sie haben nun überhaupt kein Unrechtsbewusstsein mehr.

»Reifes Team verw. Dich! Mutter bläst dich in den Himmel, während du Tochters Schnecke leckst!« Oder: »Sexhungriges, hemmungsloses Dreilöcher-Fickpaket will von dir richtig hart gefickt werden. Ich verwöhne Dich total tabulos, anal, Gesichtsbesamung, Zungenküsse! Bums mich richtig wund, in Muschi, Arsch und Mund.« – Das sind nur zwei Anzeigen von 72 allein in einer Ausgabe des Berliner Stadtmagazins *Tip*. Und es sind noch nicht einmal die Anzeigen, in denen die Menschenhändler »naturgeile Ukrainerinnen« anbieten. Es sind Anzeigen von sogenannten »freiwilligen« deutschen Prostituierten. Und sie erscheinen keinesfalls nur in szenigen Großstadtblättern, sondern auch in der *Passauer Neuen Presse*. Die sogenannten »Sex-Anzeigen« machen heute auch in ganz normalen Lokalzeitungen den Löwenanteil der Anzeigeneinnahmen aus. Die Interessenlage beim Geschäft mit der Ware Frau ist also komplex, es verdienen nicht nur Menschenhändler, Bordellbesitzer und Zuhälter daran.

Der 24. Januar 2007 muss darum im Leben von Ellen Templin ein schöner Tag gewesen sein. Denn dieser Tag markiert die politische Trendwende. Weg von dem rotgrünen Kurs der Verharmlosung, ja Billigung von Prostitution, hin zu einer ausstiegsorientierten Politik für Prostituierte. Unter Rotgrün war Deutschland zur »europäischen Drehscheibe für Menschenhandel« verkommen und einem Eldorado für Zuhälter. Denn die Reform von 2002 hatte nicht nur die Prostituierten entkriminalisiert – was uneingeschränkt zu begrüßen ist! –, sondern auch dem Handel mit der Ware Frau grünes Licht gegeben.

Seither ist nicht nur die »Förderung von Prostitution« nicht mehr strafbar – und sind »Modelstudios« in Wohnhäusern oder Werbung für Großbordelle legal –, sondern fördert der

Staat selbst die Prostitution. Man mag es kaum glauben, aber es ist wirklich so. Bis 2006 besorgten staatliche Arbeitsagenturen Bordellen auf Anfrage die passende Ware und vermittelten auch auf Eigeninitiative Frauen, die noch nie mit Prostitution zu tun hatten, ins Rotlichtmilieu: als Serviererinnen oder »Tänzerinnen«. Selbstverständlich konnten nun auch ganz legal Existenzgründungszuschüsse für Bordelle gewährt werden und Prostituierte Ich-AGs gründen. Großbordelle wie das *Artemis* in Berlin oder das *Pascha* in Köln expandierten und sind heute Teil des gesellschaftlichen Lebens einer Stadt. In Köln gab im April 2007 ein städtisch gefördertes Kulturfestival seine Pressekonferenz im *Pascha*, fahren Taxen für das Bordell Reklame. Und nicht nur Popstars wie Eminem brüsten sich auf Tournee mit ihren heißen Nächten im *Pascha*. Längst machen solche Etablissements sich auch in Kleinstädten schamlos breit.

Über all das war man in den letzten Jahren im westlichen Ausland zunehmend befremdet. Als der Direktor des »Amtes zur Überwachung und Bekämpfung von Menschenhandel« im US-Außenministerium, John R. Miller, 2004 nach Deutschland kam, um die Bundesregierung zu der damals überfälligen Verschärfung der Verfolgung von Menschenhandel zu drängen, rief er mich an, um mit mir über die Lage zu reden, und klagte: »Was ist denn hier eigentlich los in Deutschland? Ich habe den Eindruck, die EMMA ist die einzige Stimme mit einem kritischen Verhältnis zur Prostitution.« In der Tat, viele waren wir nicht, bis vor Kurzem.

Über die in Deutschland grassierende Verharmlosung der Prostitution, Gesellschaftsfähigkeit der Zuhälter und Romantisierung der Freier kann man sich im skandinavischen und angelsächsischen Raum nur wundern. So resümierte der schwedische Soziologe Sven-Axel Mannson seine zahlreichen Freierstudien vor dem Europäischen Parlament mit den Worten: »Freier stellen sich den Sex mit Prostituierten so vor, als gingen sie zu McDonald's. Für Sexkäufer ist das Bett einer Prostituierten eine der letzten antifeministischen Bastionen.« Und die englische Soziologin Julia O'Connell Davidson stellte fest: »Vielen Freiern geht es darum, sich an Frauen zu rächen und sie zu kontrollieren.« Freier seien »keine Romantiker, sondern Nekrophile«, die sich an »sozial toten Frauen« vergehen. In den USA haben in den 50er-Jahren noch knapp 70 Prozent der Männer für Sex bezahlt (so wie aktuell anscheinend in Deutschland) – heute gehen jedoch nur noch 16 Prozent zu Prostituierten, in Skandinavien scheinen es noch weniger zu sein.

In Amerika ist es auch schon lange selbstverständlich, im Zusammenhang mit Prostitution von »weißer Sklaverei« zu reden. In Frankreich wird die »Verletzung der Menschenwürde« debattiert und hat der Pariser Bürgermeister entschiedene Maßnahmen gegen Prostitution und für Prostituierte ergriffen. Und in Schweden steht seit 1999 nicht nur der Handel mit der Ware Frau, sondern auch ihr Kauf unter Strafe. Jetzt endlich soll also auch in Deutschland die Prostitution zumindest kein »Beruf wie jeder andere« mehr sein.

Am 24. Januar 2007 verkündete Familienministerin Ursula von der Leyen die Trendwende. Die Ministerin erklärte: »Prostitution ist kein Beruf wie jeder andere. Der Ausstieg aus der Prostitution ist ab sofort unser wichtigstes Ziel.« Und sie kündigte ein Gesetz zur Bestrafung der Freier von Zwangsprostituierten an. Damit ist der deutsche Sonderweg am Ende, der bis auf die Niederlande in dieser Form einmalig in der westlichen Welt war.

Unangetastet bleiben soll auch in Zukunft die »totale Entkriminalisierung der Prostituierten selbst«, versicherte von der Leyen. Doch leider bleibt auch die »Förderung der Prostitution«, dieses große Tor zum Alles-ist-möglich, weiterhin straffrei. »Aber das Umfeld der Prostitution wollen wir scharf ins Visier nehmen.«

Der Widerstand wird enorm sein. Denn Prostitution ist, zusammen mit der Pornografie, ein noch größeres Geschäft als der Waffen- und Drogenhandel. Laut UN wird mit Frauenhandel und Prostitution, die unlösbar miteinander verbunden sind, weltweit im Jahr ein Profit (!) von 34 Milliarden Dollar gemacht. 34.000 Millionen Profit. Nur mit der Prostitution werden allein in Deutschland jährlich geschätzte 15 Milliarden Euro, also 15.000 Millionen, umgesetzt. (Da sind die verdeckten Einnahmen, wie zum Beispiel die mit den Sexannoncen, noch nicht drin.)

Der Löwenanteil des Geldes landet bei den Herren der Sexindustrie, von der international agierenden Menschenhändler-Mafia bis zum lokalen Zuhälter; auch eine Minderheit von Frauen mischt in dem Milieu mit. Im Mai 2003 ging der erste Bordellbetrieb, Daily Planet Ltd. in Melbourne, an die Börse – gleich am ersten Tag verdoppelten die Aktien ihren Wert. Die Prostituierten selbst erhalten nur einen Bruchteil des von ihnen erwirtschafteten Geldes. Studien belegen: 90 Prozent sind im Alter Sozialhilfeempfängerinnen.

Man schätzt die Anzahl der Frauen in der Prostitution in Deutschland heute auf 250–400.000. Mindestens zwei Drittel davon sind Ausländerinnen, von der Getäuschten bis zur Zwangsprostituierten. Für sie gelten die Gesetze eh nicht, denn sie sind meistens Illegale und damit Gesetzlose und werden oft wie Sklavinnen gehalten. Doch auch hier passiert nun endlich etwas: Es ist ein Gesetz geplant, das den Kauf von Zwangsprostituierten bestraft. Entscheidend wird dabei sein, dass nicht nur der »vorsätzliche«, sondern auch der »fahrlässige« Kauf von Frauen bestraft wird, die sich unter schweren

Gewaltandrohungen prostituieren müssen. Denn die »Vorsätzlichkeit« wäre als Motiv kaum beweisbar, die faktische »Fahrlässigkeit« schon eher. Außerdem müssen die Zeuginnen ausreichend geschützt, muss ihnen ein Aufenthaltsrecht gewährt werden – sonst sind sie in größter Gefahr.

Auch diese Bestrafung der Freier von Zwangsprostituierten hatte Rotgrün zu Regierungszeiten strikt abgelehnt. Argument der Grünen: Das würde die Freier »kriminalisieren« und sei sowieso unbeweisbar. Letzteres Argument gälte übrigens für jede Art von Sexualgewalt, die naturgemäß immer hinter verschlossenen Türen stattfindet – danach hätten auch der Missbrauch von Kindern oder die Vergewaltigung in der Ehe für immer straffrei bleiben müssen.

Dabei wäre ein verschärftes Unrechtsbewusstsein in Sachen Prostitution und ein verstärkter gesetzlicher Schutz für Zwangsprostituierte nicht nur im Sinne der Prostituierten, sondern im Sinne aller Frauen und letztendlich auch der Männer. Denn das Freiertum ist längst keine Ausnahme mehr, sondern die Regel. Die erschütternde Wahrheit ist: Offensichtlich gehen etwa zwei Drittel aller Männer über 18 in Deutschland – routinemäßig oder sporadisch – zu Prostituierten. Und was sie dort kaufen, ist nicht Sex, sondern Macht. Es ist ihre Unterwürfigkeit und seine Befehlsgewalt, die den Freier antörnt.

Wie ich auf die Zahlen komme? Gehen wir von einer unteren Grenze der Schätzungen aus, von 300.000 Prostituierten. Bei fünf Kontakten täglich an 250 Arbeitstagen macht das rund 1250 Kontakte pro Prostituierte, macht 375 Millionen mal gekaufter Sex. Und wie viele Freier wären das? Realistische drei »Stammfreier« pro Prostituierte mit je 50 Kontakten im Jahr machen 900.000 Stammfreier mit 45 Millionen Kontakten. 15 Kontakte pro Gelegenheitsfreier im Jahr ergeben bei 22 Millionen Freiern weitere 330 Millionen Kontakte. Was hieße: Von 32 Millionen Männern über 18 sind 22.900.000 Freier.

Zwei von drei Männern haben also den Freierblick und damit ein deformiertes Begehren. Sexualität ist für sie nichts Gegenseitiges, nicht Begegnung und Kommunikation, sondern Bezahlen und Bedientwerden. Von der Ansteckungsgefahr durch Aids ganz zu schweigen. All diese Männer lassen den Freier in ihnen im Ehebett natürlich nicht vor der Tür. Ihr Begehren, ihr Blick auf Frauen, ihr Verhältnis zu Frauen wird zutiefst geprägt von der Erfahrung ihrer Käuflichkeit. Die Prostitution dringt nicht nur ins Innerste der gekauften Frau, sondern auch in das des Käufers. Und selbst Männer, die es nicht tun, wissen, dass sie es tun *könnten*. Schon das prägt die Einstellung zur Sexualität und zum anderen Geschlecht.

Früher gab es die bigotte Einteilung in »anständige« und »unanständige« Frauen, heute gelten alle Frauen als »Schlampen« und »Huren«. Und bei so manchem jungen Mädchen, das am Samstagabend à la Madonna aufgemacht an der Ecke steht, weiß man nicht, ob sie auf ihren Freund wartet oder eine Professionelle ist. Übrigens: Männer mit Abitur frequentieren doppelt so häufig Prostituierte wie Männer mit Hauptschulabschluss. Liegt das nur daran, dass sie in der Regel mehr verdienen? Oder auch daran, dass sie es zu Hause mit selbstbewussteren Frauen zu tun haben?

Mich beschäftigte die Prostitution schon lange vor der Frauenbewegung. Zum ersten Mal im Bordell war ich 1967, als Volontärin in Mönchengladbach. Zu der Zeit kam die Diskussion auf, ob Prostituierte Steuer zahlen sollten. Ich fand nein, denn damals galten Prostituierte noch als Menschen zweiter Klasse. Man konnte Prostituierten die Kinder wegnehmen, ihnen die Wohnung kündigen, die Polizei konnte sie schikanieren etc. Sie hatten keine vollen Bürgerrechte, warum sollten sie da die gleichen Bürgerpflichten haben?

Ich ging also in das Bordell von Mönchengladbach, saß dort zwei, drei Stunden lang mit den Frauen in der Küche und wunderte mich still, wie rasch, nach zehn, zwanzig Minuten, Ramona oder Irene von ihrem Einsatz zurückkamen. Nach der Veröffentlichung des Textes riefen die Prostituierten mich an: »Wollen wir nicht zusammen eine Zeitung für Prostituierte machen, Fräulein Schwarzer?«

Daraus wurde erst mal nichts. Aber vier, fünf Jahre später saß ich wieder mit Prostituierten an einem Tisch, diesmal im Bistro in Paris. Wir, meine feministischen Freundinnen und ich, unterstützten den Protest von Prostituierten gegen Schikanen und Entrechtung und verfassten mit ihnen zusammen Flugblätter. Wir demonstrierten gemeinsam in der Rue Saint Denis und besetzten auch mal eine Kirche. Schlachtruf: »Wir alle sind Prostituierte!«

Natürlich war die Prostitution ab der ersten Ausgabe auch in EMMA Thema. Und meine Haltung war damals dieselbe wie heute: Solidarität mit den Prostituierten – und Kampf der Prostitution. 1988 besuchte ich für ein EMMA-Interview drei Tage lang Domenica, die »Königin der Reeperbahn«. Uns beide, die damals berühmteste Prostituierte – und spätere Streetworkerin – und mich, bewegte die Sorge um die zunehmende Verharmlosung der Prostitution; verknüpft mit der Behauptung, Prostituierte seien »selbstbestimmt« und hätten heutzutage auch keine Zuhälter mehr. Domenica: »Die Wahrheit ist: Maximal ein Drittel der Huren hat einen netten Mann oder gar keinen. Alle anderen werden abkassiert. Und das oft mit Gewalt. Die meisten Huren werden auch heute noch überhaupt erst von einem Mann auf den Strich geschickt. Eine Warnung, das ist doch das wenigste, was wir

Alt-Huren ihnen schuldig sind. Die jungen Mädchen müssen doch wissen, was auf sie zukommt. Elend. Verdammt viel Elend. 90 von 100 Huren werden ein Fall fürs Sozialamt.« Studien bestätigen Domenicas Einschätzung. Und: Es ist der über Jahrzehnte so gut verdienenden, aber auch sehr generösen Domenica im eigenen Leben nicht anders ergangen.

Im Jahr 2006 wird der Hamburger Hauptkommissar Detlef Ubben sagen: »Für uns sind alle Prostituierten erst mal potenzielle Opfer. Meine Definition von Zwangsprostitution ist: Prostitutionsausübung in Abhängigkeit von einem anderen. Und das trifft auf 95 Prozent aller Fälle zu.« Bei den Ausländerinnen, die oft wie Sklavinnen gehalten werden, sowieso. Doch auch »bei den deutschen Frauen ist es oft so, dass sie zur Prostitution veranlasst werden durch Täter, die ihnen Liebe versprechen. Und wenn eine Frau erst mal in der Mühle der Prostitution drin ist, dann hat sie wenig Chancen, ohne fremde Hilfe da wieder auszusteigen.« Ubben weiter: »Natürlich prostituieren sich diese Frauen zunächst vordergründig ›freiwillig‹. Sie haben kein Opferempfinden, sind aber de facto meist von Zuhälterei und Menschenhandel betroffen.« Das ganze Rotlichtmilieu ist durch und durch kriminell und gewalttätig.

Wie es überhaupt dazu kommen konnte, dass das alles in Deutschland nicht mehr wahrgenommen wurde, ist eigentlich unfassbar. Denn nicht nur die von der Prostitution Profitierenden, die eine mächtige Lobby haben, betrieben die Pro-Prostitutionspropaganda, sondern auch feministische und linke Medien. (Pseudo-)Feministisches Credo: Heterosexualität ist eh immer Prostitution, also kann frau auch gleich dafür kassieren. Prostitution als Emanzipationsstrategie. Wortführerin war Anfang der 80er-Jahre Pieke Biermann, die vorwiegend in *Courage* oder der *taz* veröffentlichte. Heute ist sie als

Autorin tätig, damals kokettierte sie damit, Prostituierte zu sein, und veröffentlichte einen Gesprächsband mit fünf »Kolleginnen«, Titel: »Wir sind Frauen wie andere auch« (klang fatal nach dem frühfeministischen Slogan: Wir sind alle Prostituierte!). Wenn schon die Beine breit machen, hieß es, dann wenigstens für Geld. Denn »Geld befreit vom Sklaventum«.

Auf diesem Niveau ging es dann 25 Jahre lang weiter: »Hurenbälle« mit Prominenz, einfühlsame »Freierstudien« und schließlich die – allen voran von den Grünen betriebene und der SPD mitgetragene – Reform des Prostitutionsgesetzes zum 1.1.2002. Die hat erwiesenermaßen Prostituierten gar nichts gebracht, den Menschenhändlern und Zuhältern hingegen sehr viel. Cui bono? Bereits 1990 forderten die Grünen auf einem Hearing ihrer Bundestagsfraktion zum »Beruf Hure«: »Alles ist käuflich. Was hindert dann anzuerkennen, dass eben auch Sexualität (ver)käuflich ist?« Zwei Jahre später, 1992, legte der eng mit den Grünen kooperierende »Hurenkongress« in Düsseldorf die »Rahmenbedingungen für die Berufsausbildung« fest. Im Zentrum sollte ein Praktikum stehen: »im Dominabereich, im Club, in einer Animierbar, im Hostessenservice, in der Peepshow«. Und via »Ratgeber für Einsteigerinnen« sollten »sexuelle Praktiken« vermittelt werden: »Massagen, Hand- und Geschlechtsverkehr, Mundverkehr, Küssen, Zärtlichkeiten, Analverkehr, Natursekt/Kaviar, Sado/Maso, Erziehung – jeweils passiv und aktiv«. Im hinteren Teil des Ratgebers erfuhr die Auszubildende dann noch ganz en passant, wie sie sich »bei Vergewaltigung, Überfall, Raub« zu verhalten habe.

1996 formulierte die sogenannte »Hurenbewegung«, unterstützt von den Grünen und der PDS, einen »Gesetzesentwurf zur rechtlichen und sozialen Gleichstellung von Prostituierten mit anderen Erwerbstätigen«. Begründung: »Nach Überwindung der mehr als prüden 50er-Jahre und der sogenannten Sexuellen Revolution ist der Weg frei für einen angemessenen Umgang mit den sexuellen Bedürfnissen der Bevölkerung und denjenigen, die die Nachfrage nach sexuellen Dienstleistungen erfüllen.« Fünf Jahre später gingen diese Vorstellungen in die rotgrüne Gesetzesreform ein.

Da macht es Hoffnung, dass die Weichen in Berlin seit 2007 pro Prostituierte und contra Prostitution gestellt sind. Zumindest allererste Schritte sind getan. Für die folgenden könnte Schweden ein Beispiel sein. Denn unser Nachbar im Norden hat einen Erfahrungsvorsprung: Schweden hatte in den 60er-Jahren als erstes Land die totale sexuelle Libertinage eingeführt – und entsprechend das Rad in den 90er-Jahren als erstes wieder zurückgedreht. Seit Jahren läuft in Schweden eine öffentliche Aufklärung zur Ächtung der Prostitution. Resultat: 76 Prozent aller SchwedInnen sind heute für das Verbot der Prostitution – darunter 70 Prozent aller Männer! Entsprechend hat Schweden, gemessen an der Bevölkerungszahl, heute nur noch relativ ein Zehntel so viele Prostituierte (und damit auch Freier) wie Deutschland.

Vor diesem Hintergrund erließ das schwedische Parlament Anfang 1999 ein Gesetz, das erstmals wirklich an die Wurzel des Übels geht: Es bestraft nicht die Prostituierten, sondern die Freier – *alle* Freier, nicht nur die von Zwangsprostituierten. Denn, so die Begründung: »Nicht die Ware schafft den Markt, sondern die Nachfrage. Wenn wir wirklich die Prostitution abschaffen wollen, müssen wir die Nachfrage nach der Ware Sex bekämpfen.«

Auf das Hohngelächter im Ausland reagierte die schwedische Regierung gelassen mit dem Hinweis, auch das Männerrecht auf Prügelstrafe für Frauen und Kinder sei bis vor Kurzem für gottgegeben gehalten worden. Und: Selbst die

Sklaverei schien noch vor gar nicht langer Zeit unabänderliches Schicksal zu sein und ist dennoch abgeschafft beziehungsweise zumindest rechtlich illegal. Auch beim Kampf gegen die Sklaverei im 19. Jahrhundert sind es übrigens die Frauen gewesen, die als Erste auf die Barrikaden gingen – warum sollten wir uns also im 21. Jahrhundert nicht vornehmen, die Prostitution abzuschaffen?

Das schwedische Gesetz *Kvinnofrid* (Frauenfrieden) bedroht den »Kauf von sexuellen Dienstleistungen« mit einer Strafe von bis zu sechs Monaten Gefängnis. Im ersten Jahr landeten rund 60 Freier auf den schwedischen Polizeiwachen. Sie wurden bisher nur mit Geldbußen bestraft. Der Stockholmer Kommissar Anders Gripenlov: »Unter den Angezeigten waren alle Berufe, vom Bauarbeiter bis zum Firmenchef. Die meisten sind verheiratet. Die Zeitungen berichten über die Verhandlungen, und die Öffentlichkeit spricht darüber. Viele betteln, wir mögen die Vorladung doch lieber an ihre Arbeitsstelle schicken – das lehnen wir ab. Manche laden wir auch mehrfach vor, das merkt dann die Ehefrau garantiert.« Für den Stockholmer Kommissar ist Prostitution schlicht »unmoralisch«. Er sagt: »Wir gehen davon aus, dass wir mindestens noch 20 Jahre brauchen, bis wir es geschafft haben. Das heißt, ganz abschaffen können wir die Prostitution natürlich nicht – genauso wenig wie die Schwerstkriminalität.«

Bereits die Historische Frauenbewegung hat die Prostitution und den Frauenhandel bekämpft; Seite an Seite mit den Opfern, den Prostituierten. Führend in Europa war zunächst die englische Suffragette Josephine Butler, die, ganz wie die Amerikanerinnen, die »weiße Sklaverei« brandmarkte. In Deutschland nahmen Frauenrechtlerinnen vom Flügel der »Radikalen« die Impulse auf. So gründete die Hamburger Patrizier-Tochter Lida Gustava Heymann bereits Ende des 19. Jahrhunderts einen Mittagstisch für Prostituierte. Und Berta Pappenheim eröffnete in Frankfurt, schon damals europäische Drehscheibe des Frauenhandels, ein Haus für Prostituierte.

Bereits vor hundert Jahren kam »die Ware Frau« vorwiegend aus Osteuropa, damals aus den jüdischen Ghettos. Frauen wie Pappenheim begnügten sich darum nicht damit, im Frankfurter Bahnhofsviertel ihre Hilfe anzubieten, sondern gingen auch in die ostjüdischen Ghettos, um die potenziellen Opfer aufzuklären und zu warnen. Doch ganz wie heute siegten Armut und das Gesetz der Männer, die mit den Frauen handeln.

Neben der Ächtung von Frauenhandel und Frauenkauf muss die Kooperation mit den »Lieferländern« darum unabdingbarer Teil des Kampfes gegen Prostitution in Westeuropa sein. Für die Schweizer Außenministerin Micheline Calmy-Rey war es darum von Anbeginn an ein selbstverständlicher Teil ihrer Außenpolitik, die politische und wirtschaftliche Kooperation mit diesen Ländern an bestimmte Menschenrechtsbedingungen auch für Frauen zu knüpfen. Und die um Einreise ersuchenden Frauen werden bereits in den Schweizer Botschaften offensiv aufgeklärt. Die deutsche Außenpolitik sollte sich von diesen Erfahrungen inspirieren lassen und hätte sicherlich noch weit darüber hinausgehende Möglichkeiten, dem Elend einen frühen Riegel vorzuschieben.

Es ist nun schon über ein halbes Jahrhundert her, dass die Vereinten Nationen 1949 ihre Konvention »zur Verfolgung von Menschenhandel und Ausbeutung der Prostitution anderer« um folgenden Passus ergänzten: »Prostitution und ihre Begleiterscheinungen wie Menschenhandel sind mit der Würde und dem Wert des Menschen unvereinbar.« Diese Erklärung wurde damals von allen UNO-Ländern unterzeichnet, auch von Deutschland. Zeit, dass sie eingelöst wird!

10 Früher waren wir glücklicher

Frank Schirrmacher hat ein Buch über die Angst vor dem Verlorensein geschrieben. »Ist da jemand, oder sind wir allein?«, lautet einer seiner letzten Sätze. Immerhin ist da noch ein tröstliches *Wir*. Der Autor, Jahrgang 1959, setzt seine ganze Hoffnung zur Erlösung von der Verlorenheit – in die Familie. Er beginnt seinen Essay mit der Geschichte eines Siedlertrecks, der Mitte des 19. Jahrhunderts durch die Sierra Nevada in den Einbruch des Winters gerät. Niemand hatte in der Eiseskälte so schlechte Überlebenschancen wie die alleinstehenden Männer – niemand so gute wie die Angehörigen von Familien. Die Mütter erwiesen sich als Retterinnen in der Not. Wir kennen das.

Wir dürfen die eisige Umwelt durchaus als Metapher verstehen. Schirrmacher zieht aus dieser und einigen weiteren Geschichten den Schluss, nur die Frauen mit ihren mitmenschlichen »weiblichen« Eigenschaften könnten unser aller Überleben sichern; und nur die Familie, diese »Urgewalt«, könnte ein Bollwerk sein gegen den Absturz in das eisige emotionale »Minimum«. Und er hat ja recht: Die Familie kann Hort der »Urversicherung« eines Menschen sein. Im besten Falle. Aber die Familie kann auch der Ort sein, in dem ein Mensch für immer das Urvertrauen in die Welt verliert. Und nicht nur, wenn der Mensch eine Frau ist.

Denn die Familie, von der nicht nur Schirrmacher träumt, hat nie existiert. Und sie stellt sich auch aus der Sicht von Frauen und Kindern meist ganz anders dar als aus der von Männern. Die heilige Familie, wir wissen es seit Langem, ist ein Phantom. Sie taugt wenig als Urzelle einer zukünftigen Gesellschaft, denn sie basiert auf Hierarchie und Abhängigkeit, Macht und Gewalt. Der Zerfall der traditionellen Familie ist ein langer Prozess: Die Industrialisierung hat die Produktionsgemeinschaften abgeschafft, die beiden Weltkriege haben das Klassengefüge und die Männlichkeitskonzepte erschüttert, die Konsumgesellschaft hat die Individualisierung vorangetrieben – und die Emanzipation der Frauen hat der patriarchalen Familie endgültig das Fundament entzogen. Etwas Neues wird entstehen, wir sind schon mittendrin. So verständlich also die Sehnsucht nach Geborgenheit ist, so wenig Grund gibt es, der patriarchalen Familie nachzuweinen.

»Wenn Sie Opfer von Gewalt werden wollen, gründen Sie eine Familie.« Mit diesen sarkastischen Worten kommentierte Prof. Kai-Detlef Bussmann von der Universität Halle seine aktuelle Studie zur »Gewaltfreien Erziehung«. Er kommt darin zu dem Schluss: Nirgendwo findet so viel Gewalt statt, auch ungeahndete Gewalt, wie in der Familie. Feministinnen hatten das erstmals Mitte der 70er-Jahre öffentlich gemacht. Seither ist viel darüber gesagt, geforscht und geschrieben worden. Bussmann 2007 in der *Welt*: »Am Anfang stand die Annahme, die Familie sei ein Ort der Harmonie. Heraus kam: Sie ist ein Schlachtfeld.«

Menschen schließen in der Regel die Türen ab, um sich zu schützen. Frauen müssen genau diese Türen weit aufstoßen. Denn sie werden innerhalb ihrer eigenen vier Wände »zehnmal so häufig Opfer von Gewalt wie außerhalb« (Bussmann). Die Summe der internationalen Studien der letzten 20 Jahre lässt keinen anderen Schluss zu als diesen: Jede dritte bis zweite Frau hat Gewalt in der eigenen Familie erfahren; vom sexuellen Missbrauch über die eheliche Vergewaltigung bis zum Mord. Allein 2005 starben in Deutschland 426 Frauen durch die Hand von »Verwandten«, meistens des Ehemannes. Zählen wir noch die »Bekannten« dazu, oft Lebensgefährten oder Exliebhaber, kommen wir auf über 800 tote Frauen im Jahr! In Spanien erregen sich die Medien über 17 von ihren Männern ermordete Frauen in den beiden ersten Monaten des Jahres 2007 – in Deutschland findet niemand, außer EMMA, die 17-fache Anzahl auch nur erwähnenswert.

Das Entsetzen in Ländern mit islamischen MigrantInnen über die sogenannten Ehrenmorde allerdings ist groß, zumindest seit Kurzem (nachdem solche Fälle jahrzehntelang mit Verständnis wegen anderer »Sitten« rechnen durften). In der Tat werfen Dramen wie das am 7. Februar 2005, als Hatun Sürücü von ihrem Bruder erschossen wurde, ein grelles Licht auf archaische Familienstrukturen. Doch nicht weniger tot sind die Frauen innerhalb unserer Kultur, die Opfer sogenannter »Familiendramen« werden. Nur fällen hier nicht mehr ganze Clans die Todesurteile, sondern ein Mann alleine. Was bei den Muslimen »Ehrenmord« heißt, heißt bei uns Christen »Familiendrama« – ein Begriff, der keinesfalls weniger verschleiernd ist. Beziehungsmorde erkennen Polizei und Pathologen übrigens unter anderem daran, dass die Opfer oft besonders grausam entstellt sind.

Auch das Familiendrama fällt nicht schicksalhaft vom Himmel, sondern ist immer die Tat eines Familienvaters. (Bei Müttern gibt es nur den sehr viel selteneren Fall des sogenannten erweiterten Suizides: wenn Frauen sich und ihre Kinder umbringen.) Beim Familiendrama lebt der Vater in der Regel noch – tot sind nur Frau und Kinder. Immer hat der arme

Mann Gründe: Er hat seine Stelle verloren, seine Frau hat ihn in seiner »Männerehre« gekränkt, oder sie will sich gar von ihm trennen. Meistens Letzteres. Man kann einer Frau in Scheidung gar nicht entschieden genug raten, sich niemals alleine, womöglich noch in der ehemals gemeinsamen Wohnung, mit dem Verlassenen zu treffen! Auch nicht, wenn der eigentlich wirklich nett ist. Der arme Mann könnte nämlich »durchdrehen«. Was tödlich sein kann für Frau und Kinder.

Jedes vierte bis dritte Kind scheint Opfer von (Sexual-)Gewalt zu sein; von Prügel über regelrechte Misshandlungen bis hin zum sexuellen Missbrauch. Und auch hier sind, zumindest bei den schweren Delikten, fast immer Männer die Täter (umso absurder, dass bei Kindesmisshandlung meist nur den Müttern der Prozess gemacht wird – von den Vätern jedoch kaum die Rede ist). Gewalt ist Männersache, privat wie öffentlich. So saßen im November 2006 insgesamt 76.000 Verurteilte in deutschen Gefängnissen, nur 3800, also jede Zwanzigste, war eine Frau (darunter viele Drogenabhängige). Und das ist nur die Spitze des Eisberges. Denn noch immer verbirgt sich der Löwenanteil der familiären Gewalt im Dunkeln, wird weder angezeigt noch bestraft; auch, wenn die Zahl der Anzeigen allmählich steigt. Denn nirgendwo können die Täter so ungehindert agieren wie hinter den verschlossenen Familientüren. »Das ist Privatsache«, lautete bis vor Kurzem noch die Standardreaktion.

Wo Mütter Opfer sind, sind es fast immer auch Kinder und umgekehrt. Und das besonders Bedrückende ist, dass die Jungen, auch wenn sie selber Opfer werden, sich mit den Täter-Vätern identifizieren – und die Mädchen mit den Opfer-Müttern. Wie auch die Langzeitstudien des Kriminologen Prof. Christian Pfeiffer belegen. So dreht sich die Geschlechter-Gewaltspirale ins Endlose. Auch das ist Familie.

So weit die schlechte Nachricht. Die gute ist: In keinem Bereich ist in den letzten Jahrzehnten so viel passiert wie in diesem. Die Politik hat schon vor Jahren einen ganzen »Aktionsplan gegen Gewalt« aufgestellt. Ärzte und Pädagogen sind gehalten, Gewalt zu melden. Und geschlagene Frauen und Kinder müssen nicht mehr flüchten. Ein Anruf bei der Polizei genügt – und der Täter wird aus der gemeinsamen Wohnung verbannt. Das macht seit 2002 das sogenannte »Wegweisungsgesetz« möglich.

Als das Gesetz verabschiedet wurde, war es 26 Jahre her, dass deutsche Feministinnen in Berlin das erste Haus für geschlagene Frauen, umgangssprachlich bezeichnenderweise schlicht »Frauenhaus« genannt, eröffnet hatten. Damals wurden sie noch für ihre Warnung vor der Gewalt in der Familie verlacht, inzwischen ist allen das Lachen vergangen. Ein Netz von Frauenhäusern überzieht die Republik, sie sind immer überfüllt – und zunehmend von Frauen und Kindern mit »Migrationhintergrund«.

In vielen Häusern stellen heute Frauen und Kinder aus Familien mit Migrantenhintergrund oder aus Osteuropa die Mehrheit, denn bei ihnen ist die Gewalt dreimal so hoch wie in deutschen Familien. Der Kriminologe Christian Pfeiffer war einer der Ersten, die das zu sagen wagten; bis vor Kurzem galt noch als »Rassist«, wer das benannte. Inzwischen scheint auch den Blauäugigsten zu dämmern, dass wir ohne Benennung des Übels auch nicht an seine Wurzeln kommen. Und die Wurzeln sind ganz einfach die größere Macht der Männer und Ohnmacht der Frauen.

Die patriarchalen Strukturen sind in Familien aus dem islamischen Kulturkreis oder den Ex-Militärdiktaturen in den vergangenen Jahrzehnten eben nicht so erschüttert worden wie im demokratischen Westen. Da hat es noch keine Frauenbewegungen gegeben beziehungsweise keine ausreichend starken. Und je abhängiger und unaufgeklärter Frauen sind, umso ungeschützter sind auch die Kinder – und umso enthemmter die Männer. Es tut eben nie gut, zu viel Macht zu haben. Das gilt für Familien wie für Staatengemeinschaften.

Gewalt ist immer der dunkle Kern von Herrschaft. Ohne drohende oder ausgeübte Gewalt keine Herrschaftsverhältnisse. Das ist zwischen den Geschlechtern nicht anders als zwischen den Völkern. Und wenn wir uns das epidemische Ausmaß der Gewalt gegen Frauen ansehen, kommen wir nicht umhin, uns klarzumachen: Frauen sind das gefolterte Geschlecht.

Die Folgen sind vielfältig. Oft erkranken die Opfer lebenslang seelisch oder körperlich, konstatiert auch der Frauengesundheitsbericht von 2001; von der Erschütterung des weiblichen Selbstwertgefühls ganz zu schweigen. Was teuer ist, auch für die Gemeinschaft. Eine Schweizer Studie schätzt die Folgekosten von Gewalt gegen Frauen für ihr Land auf 400 Millionen Franken im Jahr, eine kanadische auf 1,5 Milliarden Dollar. Das besondere Problem bei der Gewalt gegen Frauen ist, dass sie meist nicht vom Feind ausgeht, sondern vom Freund, vom eigenen Mann. Auf schier unlösbare Weise sind bei der (Sexual-)Gewalt zwischen den Geschlechtern Liebe & Hass, Fürsorge & Folter verknüpft. Das macht für die Frauen und Kinder auch die Abgrenzung vom Täter so schwer.

Jean Améry, der Auschwitz nur einige Jahre überlebt hat, beschreibt 1966 in »Jenseits von Schuld und Sühne«, wie er, Auge in Auge mit seinem Nazifolterer, das »Welturvertrauen« verliert. Denn sein Gegenüber behandelte ihn nicht wie einen Mitmenschen, sondern wie einen Untermenschen. Was soll da erst eine Frau empfinden, die nicht vom (un)menschlichen Gegner, sondern vom eigenen Mann gequält wird? Wie soll sie jemals noch Vertrauen entwickeln können in ihre Mitmenschen, wenn der Allernächste, der geliebte Mensch, ihr das antun kann? Und wenn er das dann auch noch verknüpft mit Lust, seiner Lust. Denn, es wird selten gesagt: In den meisten Fällen ist die Beziehungsgewalt für den Täter stimulierend – und hat er anschließend mit dem Opfer Geschlechtsverkehr.

Oft ziehen sich solche Gewaltverhältnisse über Jahre hin und sind die Opfer regelrechte Gefangene des Familientyrannen, auch psychisch. Die amerikanische Psychiaterin Judith L. Herman widmet in ihrem wegweisenden Buch über familiäre Gewalt (»Die Narben der Gewalt«, 1992) dieser Art von »Gefangenschaft« ein ganzes Kapitel und vergleicht sie mit »Gefängnissen, Konzentrations- und Zwangsarbeitslagern« oder »religiösen Sekten und Bordellen«. Herman: »Dass es politische Gefangenschaft gibt, ist allgemein anerkannt, häusliche Gefangenschaft hingegen bleibt oft unbemerkt. Des Mannes Heim ist sein Reich – nur wenige Menschen können sich vorstellen, dass dieses Reich für Frauen und Kinder zum Gefängnis werden kann.« Denn »Frauen und Kinder werden normalerweise nicht angekettet, obwohl auch das öfter vorkommt, als man meinen möchte. Die Barrieren, die eine Flucht verhindern, sind zwar im Allgemeinen unsichtbar, aber trotzdem äußerst wirkungsvoll. Kinder sind abhängig und deshalb gefangen. Frauen werden durch physische Gewalt zu Gefangenen, aber auch, weil sie in ökonomischer, sozialer, rechtlicher und psychologischer Hinsicht benachteiligt sind.«

Die Opfer dieser häuslichen Gefangenschaft werden durch eine Mischung von Verführung, Einschüchterung und Gewalt gefesselt. Der Täter wird in der geschlossenen Welt des Opfers zum wichtigsten Menschen, zum Halbgott, er macht das Gesetz. »Autoritär, verschlossen, manchmal größenwahnsinnig und sogar paranoid, hat der Täter trotz allem ein äußerst feines Gespür für reale Machtverhältnisse und gesellschaftliche Normen«, schreibt Herman. »Er ist nach außen unauffällig, ja oft sogar besonders liebenswürdig – was die Verunsicherung seiner Opfer erhöht und ihren Realitätssinn zusätzlich schwächt. Seine Methode ist die Willkür und Unberechenbarkeit, kombiniert mit einer despotischen Kontrolle des Opfers und seiner sozialen Isolation. Denn dieser Gefängniswächter will keine Gefangenen, die ihn hassen, sondern solche, die ihn lieben.«

George Orwell, der in »Such, such were the joys« über seinen selbst erlittenen sexuellen Missbrauch berichtete, beschreibt in seinem Roman »1984« den Prototyp des Tyrannen mit folgenden Worten: »Wir geben uns nicht mit unfruchtbarem Gehorsam, ja nicht einmal mit der hündischsten Unterwerfung zufrieden. Wenn sie sich uns schließlich ergeben, dann muss es freiwillig geschehen. Wir vernichten den Ketzer nicht, weil er uns Widerstand leistet: Solange er uns Widerstand leistet, vernichten wir ihn niemals. Wir bekehren ihn, wir ergründen sein Innerstes, wir formen ihn um. Wir brennen ihm alles Böse und jede Illusion aus: Wir bringen ihn auf unsere Seite, nicht dem Anschein nach, sondern aufrichtig, mit Herz und Seele.«

Amnesty international veröffentlichte eine Charta der Gewalt, erstellt auf der Grundlage der Aussagen politischer Gefangener aus den unterschiedlichsten Ländern. Die Opfer beschreiben darin im Detail die Methoden ihrer politischen Brechung – diese Methoden decken sich exakt mit denen der Opfer privater Gewalt im Bereich von Prostitution oder Familie. »Mit denselben Techniken werden auch Frauen gefügig gemacht – in der Prostitution, in der Pornografie und zu Hause«, kommentiert Herman. Die Psychiaterin schildert den gar nicht so seltenen Fall der häuslichen Tyrannei so: »Da keine sichtbaren Barrieren die Flucht verhindern, wagt die misshandelte Frau nach einem Gewaltausbruch vielleicht einen Fluchtversuch. Häufig kann der Täter sie dann zur Rückkehr überreden, und zwar nicht durch weitere Drohungen, sondern mit Entschuldigungen, Liebesbekundungen, dem Versprechen, sich zu bessern, und Appellen an Treue und Mitgefühl. Für den Moment scheint das Gleichgewicht der Macht in der Beziehung wiederhergestellt, da der Täter nun alles tut, um das Opfer zurückzugewinnen. Seine besitzergreifende Aufmerksamkeit ist unverändert intensiv, hat jetzt jedoch eine völlig andere Qualität. Er wiederholt beharrlich, dass sein dominierendes Verhalten ein Beweis dafür sei, wie sehr er seine Frau brauche und liebe. Möglicherweise glaubt er das selbst. Außerdem beteuert er, dass sein Schicksal in ihrer Hand liege und sie die Macht habe, die Gewalttätigkeiten zu beenden, indem sie ihm noch größere Liebesbeweise erbringe. Diese ›Versöhnungsphase‹ ist ein wichtiger Schritt, um die psychische Widerstandskraft der misshandelten Frau endgültig zu brechen.«

Wer das Grauen nicht selbst erlebt hat, wird es kaum glauben mögen. Doch die Statistiken von Notrufen, Polizei und Gerichten sprechen Bände. Eine repräsentative Studie des US-Kinsey-Instituts ergab: Der Vergewaltiger Nummer eins ist der eigene Mann/Liebhaber (55 Prozent), Nummer zwei ist der »gute Bekannte« (22 Prozent), Nummer drei ist der »flüchtige Bekannte« (19 Prozent). Nur die restlichen vier Prozent gehen auf das Konto des bösen Fremden. Laut einer deutschen Studie von 2004, für die 10.000 Frauen befragt wurden, hatte jedes zweite Opfer die erlittene sexuelle Gewalt vom eigenen Mann/Exmann erfahren. Erst seit 1997 ist die Vergewaltigung in der Ehe in Deutschland strafbar, seither haben sich die Anzeigen verdreifacht: auf 1477 Fälle 2005, die Spitze des Eisbergs.

Bei den Straßendelikten ist heute die Zunahme der Vergewaltiger unter 18 auffallend, das ist inzwischen jeder zehnte aller Täter. Allein in den vergangenen zehn Jahren stieg der Täteranteil der Jugendlichen um 16 Prozent. Die Polizei nennt sie die »Hochrisikogruppe«, denn es muss davon ausgegangen werden, dass diese jugendlichen Vergewaltiger gerade erst am Anfang ihrer kriminellen Karriere stehen.

Judith L. Herman seziert in ihrer brillanten Analyse die Gewalt an Frauen und Kindern mit dem Instrumentarium der Opferforschung, entwickelt an Veteranen des Ersten Weltkrieges und des Vietnamkrieges sowie KZ-Überlebenden. Und siehe da: Es sind die gleichen Phänomene, die gleichen Traumata. Die männliche »Kriegsneurose« entspricht der weiblichen »Hysterie«, die Traumata der Vietnamveteranen entsprechen denen der Prostituierten.

Ein Trauma entsteht angesichts einer überwältigenden Übermacht, die die totale Kapitulation auslöst. Der Mensch verliert das Urvertrauen in sich und die Welt. Die posttraumatischen Störungen können lebenslang anhalten, wenn sie nicht rechtzeitig therapiert werden. Noch Jahre, nachdem die Gefahr vorüber ist, erleben die Traumatisierten das Ereignis immer wieder neu und immer wieder so, als ob es gerade geschähe. Der traumatisierte Mensch wird passiv, gleichgültig, depressiv, lebensmüde. 47 Prozent aller misshandelten Frauen haben laut Herman einen Selbstmordversuch gemacht, zwei von drei Psychiatrie-Insassinnen sind Missbrauchsopfer. Und auch der Kölner Traumataforscher Gottfried Fischer stellt als typisch bei Trauma-PatientInnen die »immer wiederkehrenden Bilder vom Tatgeschehen« fest, »Albträume, Vermeidungsverhalten und Gefühlsabstumpfung«. Die Gefahr einer »neurophysiologischen Verfestigung« sei groß, wenn das Trauma nicht rasch behandelt wird.

Kriegsveteranen haben ganz ähnliche Worte für »dieses betäubte Starren, die weit aufgerissenen leeren Augen eines Mannes, dem alles egal ist«. Auch KZ-Insassen, die den äußersten Zustand der Entfremdung und Erstarrung erreicht hatten, waren wie wandelnde Leichen, von den Leidensgefährten »Muselmanen« genannt.

In Demokratien wie Deutschland gibt es heute Folteropfer-Zentren, in denen die Opfer der Diktaturen an Körper und Seele behandelt werden. Die dabei gewonnenen Erkenntnisse sind oft ganz naheliegend. Wurde zum Beispiel ein Mensch mit zahnärztlichen oder ähnlichen Techniken gefoltert – Mediziner sind in allen Ländern unverzichtbarer Teil der modernen Folter –, wird er niemals mehr eine Zahnarztpraxis betreten können. Das Opfer der privaten Tyrannei aber, eine Frau, die über Jahre in der Küche geschlagen und in ihrem Ehebett vergewaltigt wurde, muss Tag für Tag weiterleben in ihrer Folterkammer – und darf noch nicht einmal schreiend weglaufen, wenn sie einen Mann sieht, sonst landet sie in der Klapsmühle.

Verschärfend ist, dass das von Frauen und Kindern in der Familie erfahrene Leid bis heute nicht angemessen ernst genommen wird. Die Heilung wird auch erschwert durch die Isolation. Jede geschlagene oder vergewaltigte Frau glaubte lange: Ich bin die Einzige. Sie wusste nichts vom Leid der Millionen anderer. Denn die Gewalt in der Familie war ein totales Tabu, bis die Frauenbewegung kam. Aus dem Krieg weiß man, dass nichts den Schmerz eines traumatisierten Soldaten so lindert wie die Nähe seiner Kameraden. Darum schafft man selbst schwer Erkrankte rasch wieder an die Front, in die Gemeinschaft. Und die Frauen? Die hatten bis vor Kurzem überhaupt keine Gemeinschaft. Eine jede war mit ihrem Täter und ihrem Schmerz allein.

Bereits in der Ersten Frauenbewegung war die sexuelle Gewalt Thema – und damit auch für Sigmund Freud, dessen Stoff ja die Ende des 19. Jahrhunderts bewusst werdenden, psychisch leidenden Frauen waren. Nicht nur bei der Analyse durch seinen Kollegen Josef Breuer des berühmt gewordenen Falles der Anna O. – hinter dem sich in Wahrheit die später aktive Frauenrechtlerin Bertha Pappenheim verbarg, die sich vor allem für Zwangsprostituierte aus den osteuropäischen Stetln einsetzte – erkannte Freud den sexuellen Missbrauch in ihrer Kindheit als Ursache ihrer Hysterie. In einer aufsehenerregenden Studie dazu schrieb er: »Ich stelle also die Behauptung auf, zugrunde jeden Falles von Hysterie befinden sich ein oder mehrere Erlebnisse von vorzeitiger sexueller Erfahrung, die der frühesten Jugend angehören. Ich halte dies für eine wichtige Enthüllung, für die Auffindung eines Caput Nili der Neuropathologie.«

Nur ein Jahr später musste Freud widerrufen. Wider besseres Wissen. Dem Freund und Kollegen Fließ klagte er: »Isoliert bin ich, dass du zufrieden sein kannst. Es sind irgendwelche Parolen ausgegeben worden, mich zu verlassen, denn alles fällt ringsum von mir ab.« Freud gab die Erforschung der realen Ursachen psychischer Traumata wieder auf, begründete jedoch auf den Trümmern der Verdrängung seiner Erkenntnisse die entscheidende psychologische Theorie des 20. Jahrhunderts. Der Preis: die Verleugnung des kindlichen Missbrauchs.

Erst im Jahr 2000 veröffentlichte die deutsche Gesellschaft für Gynäkologie und Geburtshilfe eine Untersuchung aus den Jahren 1967–1983 über kindlichen Missbrauch, basierend auf 3000 Mädchen und Frauen. Danach war das jüngste Opfer sechs Monate alt, jedes zweite unter 10 Jahren. Zwei von drei Tätern waren mit den Opfern verwandt beziehungsweise bekannt. Neun von zehn Tätern waren ganz »normale« Männer, nur jeder zehnte war psychisch auffällig. »Der typische Vergewaltiger ist der ›Mann von nebenan‹«, kommentierte der Arzt und Jurist Dr. Reinhard Wille die Ergebnisse.

Von der frühen Brechung durch den sexuellen Missbrauch er holen sich nur die wenigsten – viele bleiben lebenslang Opfer, finden nicht mehr raus aus dem Teufelskreis von Demütigung und Gewalt. Das Opfersein scheint ihnen auf die Stirn gebrannt und kriecht ihnen unter die Haut. Die Verachtung des Aggressors führt zur Selbstverachtung der Opfer. Das macht es so schwer für die Opfer, darüber zu reden: Sie glauben, sie hätten es verdient ... Und es macht es auch so schwer für die Entkommenen, sich mit den Opfern zu solidarisieren. Denn wer sich für die Verachteten einsetzt, wird selber verachtet.

Irgendwann in den 90er-Jahren kam das zynische Wort vom »Opferfeminismus« auf. Auch ich wurde mit dem Label bedacht. Warum? Weil ich das geborene Opfer bin und besonders viel klage? Gewiss nicht. Eher weil ich über all den Power- und Karrierefrauen die Opfer nicht vergesse. Die Mädchen und Frauen, die niedergeknüppelt sind von der Demütigung und Gewalt und die die ihnen entgegenschlagende Verachtung schon längst verinnerlicht haben. Die Mädchen und Frauen, die Opfer sind der Verhältnisse und die nicht auf der strahlenden, sondern auf der dunklen Seite des Lebens stehen.

Der wahre Feminismus hat alle Frauen im Blick: die Siegerinnen und die Verliererinnen. Und er fragt sich, warum es so ist und wie er dazu beitragen könnte, dass auch die Verliererinnen ihr Leben irgendwann in die Hand nehmen können. Es handelt sich bei den Siegerinnen und den Verliererinnen auch nicht um zwei Sorten Frauen. Die Verletzte kann es morgen überwinden – und die Starke die Verletzung in sich tragen. Diejenigen schließlich, die entkommen sind, wissen oder ahnen, dass sie Glück gehabt haben. Denn neben der familiären Gewalt droht ja auch noch die sexuelle Belästigung im Beruf oder die Bedrohung im öffentlichen Raum, die Frauen auch dort einschränkt.

Doch noch einmal zurück zu Frank Schirrmacher und der Sehnsucht nach Geborgenheit und Kontinuität. Es ist bitter, aber wahr: Die gute alte Familie basierte auf einer weitgehenden Entrechtung und Unterwerfung von Frauen und Kindern. Da konnte es nicht ausbleiben, dass sie sich im Zuge der Emanzipation veränderte. Und da gibt es auch kein Zurück mehr. Jede dritte Ehe wird geschieden, in Großstädten sogar jede zweite. Und zwei von drei Scheidungen werden heute von Frauen eingereicht. In der familienintensivsten Phase, zwischen 35 und 44 Jahren, lebt heute nur noch jeder zweite Erwachsene in Deutschland in einer formal traditionellen Familie, die sich jedoch ebenfalls stark verändert hat. Der Rest lebt in freier PartnerInnenschaft, allein, alleinerziehend (jede 13. Frau, aber nur jeder 80. Mann) oder in Patchworkfamilien. In Deutschland kommt inzwischen jedes vierte Kind unehelich zur Welt, im doch eigentlich viel familienorientierteren Frankreich schon jedes zweite.

Der Trend zur Auflösung der klassischen Familie ist also unaufhaltsam. Statt der ehemaligen Zwangsgemeinschaften bilden sich neue Formationen, die nicht weniger Geborgenheit bieten müssen.

Doch es stimmt: Wir brauchen für diese neuen Gemeinschaften auch eine neue Moral. Die alte haben wir über Bord geworfen – ohne sie durch eine neue zu ersetzen. Was wiederum gerade die Frauen schwächt. Wurden sie früher betrogen, so werden sie heute ausgewechselt wie die Oberhemden, gerne gegen Jüngere.

Für beide Geschlechter wäre es darum heilsam, wenn die zu Recht geschätzten »weiblichen« Eigenschaften wie Einfühlsamkeit und Mitleidensfähigkeit nicht länger Frauensache blieben, sondern sie menschliche Qualitäten werden und auch Männer sich diese Eigenschaften einverleiben würden. Dann bräuchten Männer nicht mehr zuzuschlagen – und Frauen keinen Psychoterror mehr zu machen. Denn es ist, neben den ökonomischen Machtverhältnissen, die Polarisierung der Geschlechtercharaktere, die Frauen zu gütigen Lämmern und Männer zu rabiaten Egoisten macht.

Ist da jemand, oder bin *ich* alleine? Auf diese Frage sollte, im Schlafzimmer wie im Park, eines Tages auch eine Frau antworten können: Ja, da ist jemand! Frohen Herzens. Selbst für den Fall, dass dieser Jemand ein Mann ist.

11 Die Männer werden sich nie ändern

Wochenmarkt in Köln. Zwischen dem Hühnermann und dem Biobauern steht neuerdings ein italienischer Stand mit zwei, drei Stehtischen und Prosecco-Ausschank. Während ich Parmaschinken und Parmesan ordere, lehnen zwei Herren lässig an einem der Tische; mittleres Alter, eher Typ Lehrer, auf jeden Fall keine Kranführer. Sagt der eine zu mir: »Wir haben Sie gestern Abend in der Sendung vermisst, Frau Schwarzer. Wieso haben Sie denn gekniffen?« Gekniffen? »Na ja, bei der Eva. Da hätten Sie doch mal so richtig Kontra geben können. Wobei ich, ehrlich gesagt, mehr auf deren Seite stehe.«

Jetzt gucke ich doch hoch. Ah ja. »Warum denn?« Er: »Weil solche Frauen Männer besser zu nehmen wissen.« Der andere schweigt. »Na«, antworte ich, »wenn Sie zu den Typen gehören, die gerne wie Marionetten behandelt werden.« Der andere fängt an zu feixen. Und dann, im Gehen, füge ich noch hinzu: »Wenn Sie nur einmal hören würden, wie diese Art Frauen über Männer redet, wenn die nicht dabei sind – dann würde Ihnen der Spaß an den Evas vermutlich vergehen.« Der andere feixt noch breiter – und der eine schweigt jetzt. Zumindest, solange ich in Hörweite bin.

Es ist in der Tat so: Wenn mich eines nervt, und zwar schon lange, lange vor der Frauenbewegung, dann ist es die Art, wie diese Weibchen über Männer reden. Als seien sie Marionetten, bei denen eine echte Frau nur an der richtigen Strippe ziehen muss. Ist es den Männern solcher Frauen eigentlich klar, dass ihr Preis dieser Spott der Sklavinnenseelen hinter dem Rücken des Herrn ist? Gleich dahinter auf meiner Nerv-Skala folgen die kokettfatalistischen Sprüche des Stils: So sind die Männer nun mal. Die verstehen überhaupt nichts. Wir werden sie nie ändern …

Wer ist »wir« – und wer sind »sie«? Es gibt Männer, wenn auch nicht viele, mit denen ich mich besser verstehe als mit so mancher Frau. Und ich habe den Eindruck, das nimmt zu. Kurzum: Die Position, von der aus jemand wie ich auf Männer blickt, ist die des Ernstnehmens. Selbstverständlich sind sie nicht alle gleich. Und selbstverständlich können sie sich ändern. Sie müssen nur wollen – was letztendlich eine Machtfrage ist. Doch das Mannsein hat eben auch heutzutage noch, trotz Emanzipation und allerlei Widernissen, auch seine Vorteile.

Es kostet natürlich Zeit und Nerven, sich mit einem Mann wirklich auseinanderzusetzen. Und schlaue Männer haben längst vielfältige Techniken entwickelt, den Frauen irgendwo, irgendwie recht zu geben – und ihnen dann doch wieder durch die Maschen zu schlüpfen. Es ist mit ihnen wie mit dem Hasen und dem Igel: Die Männer sind immer schon da – während die Frauen noch rennen.

Dennoch bleibt die Auseinandersetzung die einzige Lösung. Denn wie kann es zum Beispiel sein, dass 96 Prozent aller befragten Mütter vor der Geburt des Kindes mit dem Vater noch nicht einmal darüber *geredet* haben, wie das denn dann gehen soll, wenn das Kind auf der Welt ist?! Diese Zahl habe ich vor ein paar Jahren gelesen und kann sie nicht vergessen. Die Studie hatten zwei jüngere Männer gemacht. Solange Frauen sich so wenig trauen, Männer zu fordern und einzuklagen, dürfen sie sich natürlich auch nicht wundern, wenn die sich doof stellen.

Dennoch ist jede Frau, wie stark sie individuell auch immer sein mag, strukturell benachteiligt qua Geschlechtszugehörigkeit – und jeder Mann, wie schwach er individuell auch immer sein mag, kollektiv privilegiert. Die von den Männern so beklagte subjektive »Verunsicherung« steht bisher also in keinem Verhältnis zu ihrer objektiven Privilegiertheit. Das ist wie bei Weißen in rassistischen Gesellschaften: Auch nicht aktiv rassistische, ja sogar explizit antirassistische Weiße profitieren von ihrer Zugehörigkeit zur dominierenden Kaste. Ob sie wollen oder nicht.

Darum scheint mir die in den letzten 20 Jahren so geräuschvoll lamentierende »männliche Verunsicherung« in Wahrheit gar keine zu sein – sondern eher eine Strategie, ein Einschüchterungsmanöver Richtung Frauen, Stil: Wenn du die Emanzipation zu weit treibst, fühle ich mich nicht mehr als Mann. Was übrigens dann gerne auch mit einem sexuellen Entzug des Mannes Hand in Hand geht – wie bei Gert Bastian und Petra Kelly, wo seine »Entmannung« mit einem tödlichen Racheakt an ihr endete.

Nur Männer mit »echten Frauen« können auch »echte Männer sein«. Ohne Frauen wären Männer keine Männer, und ohne Männer wären Frauen keine Frauen – sondern einfach Menschen. Im Patriarchat allerdings sind echte Männer so gewöhnt an ihre quasi naturgegebene Dominanz, dass sie die Mann/Frau-Hierarchie auch in frauenlosen Räumen unter sich reproduzieren. Wie zum Beispiel in Männergefängnissen, wo die »männlichen« Insassen die »weiblichen« zu unterwerfen und zu vergewaltigen pflegen, anal. Was keine Frage der Lust ist, sondern eine der Macht.

Männer, heißt es, fühlen sich heutzutage nicht mehr als »richtige Männer«, und Jungen sind keine »richtigen Jungen« mehr. Da kann ich nur sagen: Na und! Soll doch der männliche Mensch mal neugierig werden – und entdecken, was von ihm bleibt, wenn er nicht immer nur dumpf auf die Männerrolle rekuriert.

Die Soziologinnen Edit Schlaffer und Cheryl Benard, beide Mütter von Söhnen, haben in ihrer Jungen-Studie »Einsame Cowboys« die These, die irritierten Jungen müssten eben verstärkt mit Männern und »Männersachen« zu tun haben (Stil Fußballplatz und Abenteuerurlaub), als kontraproduktiv entlarvt. Das Übel sind nicht »zu viele Lehrerinnen« – wobei Männer herzlich willkommen sind in diesem anstrengenden, abgewerteten Beruf! –, sondern genau diese Art von geschlechtsrollenkonformer Erziehung und Teilung von Kindern in Jungen und Mädchen. Nicht die Lehrerinnen bringen die Jungen in die Bredouille, sondern die doppelte Botschaft tut es: Hier sollen sie einfach Kind sein – und da wird ihnen was von »echten« Männern geflüstert, die ballern und ficken.

Eine wirklich emanzipatorische Jungenarbeit aber müsste konsequent Schluss machen mit der Teilung von Kindern in Jungen und Mädchen. Damit die Fremdheit der Geschlechter ein Ende findet, sollten Jungen im Gegenteil die Frauenwelten kennenlernen – und Mädchen die Männerwelten. Nur so werden ganze Menschen daraus.

Und genau dieser Prozess hat ja auch begonnen. Ungerecht ist nur, dass die beginnende Erschütterung der Geschlechterordnung die netten Männer zuerst trifft. Denn sie sind es, die mit den selbstbewussten, emanzipierten Frauen – Mütter, Freundinnen, Ehefrauen – leben. Sie sind darum die Ersten, die mit der Erwartung der Frauen nach Veränderung konfrontiert werden. Die Machos hingegen gehen entweder auf

Tauchstation, oder sie geben noch mal so richtig Gas, versuchen zu retten, was zu retten ist.

Doch, sorry, es ist unübersehbar: Sie fangen an, peinlich zu werden.

Evozieren wir noch ein letztes Mal die wahrhaft historische Szene am Wahlabend 2005. Als der Altbundeskanzler der zur Kanzlerin Gewählten entgegenschleuderte: Die kann das nicht! Das Volk will, dass ICH regiere! – In diesem Augenblick wusste man: vorbei, von gestern. Und dabei ist es nicht ohne Tragik, dass diese Art von Realitätsverlust der Preis ist für die Macht, für die Einsamkeit der Macht. Denn da oben, da ist niemand mehr; niemand, der einem widerspricht, der einen korrigiert, berät, warnt.

Trotz alledem war es beklemmend für die Siegerin. Sah es doch tatsächlich trotz der Absurdität von Schröders Forderungen ein paar Wochen lang so aus, als würde ein letztes Aufbäumen der Machos aller Fronten vielleicht wirklich den Amtsantritt der demokratisch gewählten Merkel verhindern können – nur weil sie eine Frau ist. Freiwillig, auch das wurde am Beispiel dieses absurden Politspektakels noch einmal überdeutlich, freiwillig dankt das Patriarchat nicht ab.

Aber wer steht eigentlich für *das* Patriarchat? Seit Jahren zeichnen sich in allen Studien und Umfragen immer wieder drei etwa gleich große Männergruppen ab: ein Drittel, das für die Gleichberechtigung ist, wenn auch mit Zögerlichkeiten und Widersprüchen (aber die sind ja auch den Frauen nicht fremd). Ein weiteres Drittel, das unentschlossen wirkt, sein Mäntelchen nach dem Wind hängt. Und ein letztes Drittel, das hart dagegenhält, zu ziemlich allem entschlossen. Es sieht so aus, als gäbe es bei diesem Macho-Drittel einen harten Kern von etwa zehn Prozent aller Männer. Vor denen müssen wir Frauen uns echt hüten. Die sollten wir aussterben lassen.

Unsere Gegner sind unsere Gegner und bleiben unsere Gegner. Wir sollten ihnen auf dem Schlachtfeld des Geschlechterkrieges mit offenem Visier entgegentreten. Doch was ist mit den anderen?

Wenden wir uns also dem hoffnungsvollen Drittel zu – und verlieren das opportunistische Drittel dabei nicht ganz aus den Augen. Der australische Männerforscher Robert W. Connell, der mit seinem Buch »Der gemachte Mann – Konstruktion und Krise von Männlichkeiten« 1994 *das* Standardwerk über Männer heute geschrieben hat, weist auf den Vorteil der Nicht-Machos hin, den auch sie vom Mannsein haben. Connell nennt das »an der patriarchalen Dividende teilhaben«, nämlich an »dem allgemeinen Vorteil, der den Männern aus der Unterdrückung der Frauen erwächst«. Für ihn sind solche Männer »Schlachtenbummler hegemonialer Männlichkeit«.

Werden wir es schaffen, die Schlachtenbummler davon zu überzeugen, dass es unrecht ist, auf Kosten von Frauen zu profitieren – und sie sogar etwas gewinnen können, wenn sie austreten aus dem Männerbund und ein in die menschliche Gemeinschaft? Millionen Frauen haben diese Gespräche millionenfach geführt. Manchmal durchaus mit individuellem Erfolg. In der Summe jedoch hat die Männermacht sich nur millimeterweise bewegt – bis die 70er kamen.

Das Neue an der Frauenbewegung war: Sie hat die Machtfrage gestellt! Sie hat die Konsequenz aus den ergebnislosen Bitten und Reden gezogen. Nicht zufällig wurde der Zynismus der Revolutionshelden – die 1968 angetreten waren, die ganze Welt zu befreien, jedoch die eigenen Frauen weiterhin Kaffee kochen und Flugblätter tippen ließen – zum Auslöser für die autonome Frauenbewegung. Feministinnen haben darauf geantwortet: Okay, wenn ihr nicht verstehen wollt – wir können auch anders. Privat kann das im Ernstfall Trennung bedeuten –

oder in der Politik zum Beispiel die Gründung einer »Frauenpartei« beziehungsweise deren Vorstufe, die »Quote«.

Doch auch das Patriarchat schläft nicht. Es reagiert mit der Sicherung von Pfründen und Wiederherstellung von Männlichkeit. Wenn wir zum Beispiel beim Sport im Fernsehen oder im Sportteil der Tageszeitungen Männer, Männer, Männer sehen, die ihre muskulösen Körper recken und sich immerzu begeistert in die Arme fallen, so hat das wenig mit Sport und viel mit der Rekonstruktion von Männlichkeit zu tun: Da toben Männerliebe und Männerbünde sich so richtig aus. Es macht ja auch sichtbar Spaß so unter Männern – doch die Frauen dieser Männer sind nur deshalb so langweilig, weil man ihnen den Zugang zu den als »männlich« deklarierten Qualitäten und Eigenschaften versperrt – und sie einsperrt in den vergoldeten Käfig der »Weiblichkeit«.

Meine Kollegen Andreas und Stephan Lebert, zwei Brüder, haben jüngst eine aufschlussreiche »Anleitung zum Männlichsein« veröffentlicht. »Der Mann weiß nicht mehr, was es bedeutet, ein Mann zu sein«, schreiben sie in der Einleitung. Sodann machen sie sich plaudernd über 135 Seiten auf die Suche nach der verlorenen Männlichkeit. Ihre Reise in die Welt der Männer ist vergnüglich zu lesen, denn die beiden tun sich leicht mit dem Schreiben und Recherchieren. Sie treffen sich immer wieder mal in ihrem Lieblingslokal, das auch mein Berliner Lieblingslokal ist, tauschen Erfahrungen und Erkenntnisse aus und beklagen die »Verweiblichung der Gesellschaft«.

Abschließend liefern unsere großen Jungs 19 »Anleitungen zum Mannsein«; angefangen von der »Unabhängigkeit« und »Würde« bis hin zum »Mut zur Lächerlichkeit« und der »Freude am Spielen«. Wir ahnen es schon: Es ist nicht eine einzige Eigenschaft dabei, die nicht auch weiblichen Menschen vortrefflich zu Gesicht stünde.

Aber zugegeben, Jungs: »Frauen spielen nicht«, zumindest seltener. Warum? Die Antwort ist einfach: Sie haben keine Zeit dafür (siehe Kapitel »Das Kind braucht die Mutter«). Das Menschwerden der Männer hat eben auch mit Arbeit zu tun, mehr Arbeit für Männer – was wiederum den Frauen Zeit ließe, öfter mal zu spielen.

Alles in allem: Für mich ist nur der Mann glaubwürdig, der sich aktiv vom Männlichkeitswahn und seinen Vertretern distanziert. Ein Mann, der ernsthaft versucht, zur Bekämpfung des Sexismus beizutragen – und der Frauen auf Augenhöhe begegnet.

12 Die Frauen sollten nicht zu weit gehen

Ganz im Gegenteil, wir Frauen können gar nicht weit genug gehen, meine ich – denn schließlich kommen wir von sehr weit her. Auf diesem Weg kann jede Frau jedoch nur ihre eigenen Schritte machen. Sie muss wissen, woher sie kommt, wohin sie geht – und was sie verkraftet. Es gibt dafür keine Rezepte. Wer das vorgaukelt, ist ein Betrüger. Auch ich kann nur sagen, was ist – und aufzeigen, was sein könnte. Es ist an jeder einzelnen Frau, den ihr gemäßen Weg zu wählen.

Was auf jeden Fall nicht geht, ist: Jammern und Vorwürfe machen. Warum sollten die Männer ihre über Jahrtausende liebgewordenen Privilegien freiwillig abgeben? Das haben Privilegierte noch nie in der Geschichte getan. Ihre Vorteile auf Kosten von Frauen müssen den Männern abgerungen werden – was nur geht, indem Frauen die Machtfrage stellen. Und genau davor haben sie Angst. Weil Frauen sich die offene Konfrontation bisher kaum erlauben konnten, dazu waren sie viel zu abhängig. Denn wer die Machtfrage stellt, muss auch stark genug sein, gegebenenfalls die Konsequenzen zu ziehen.

Diejenigen Männer, für die es sich lohnt, das durchzustehen, werden das letztendlich zu schätzen wissen. Und sie werden den Frauen dafür Respekt entgegenbringen – was Liebe nicht ausschließt, im Gegenteil. Diejenigen, für die es sich nicht lohnt, um die ist es nicht schade. Denn erstmals in unserer Geschichte sind Frauen objektiv keine relativen Wesen mehr. Sie können auch ohne Mann existieren.

Was nun den seit Jahrhunderten währenden Streit um »angeboren oder anerzogen?« angeht, so scheint er mir schlicht müßig. Befreien wir Frauen wie Männer von den Rollenzwängen und geben wir ihnen gleiche Rechte wie Pflichten sowie real gleiche Chancen – und wir werden sehen, was dabei herauskommt. Ja, es stimmt, die schlimmsten Albträume der Fundamentalisten und Biologisten müssten wahr werden: Das werden nicht mehr die gewohnten »Frauen und Männer« sein – die sind es schon heute nicht mehr –, sondern herauskommen wird ein »neuer Mensch«. Ein Mensch, bei dem die individuellen Unterschiede größer sein werden als der Geschlechtsunterschied. Ein Mensch, der sich nicht mehr mit der Reduktion auf die Hälfte begnügt, sondern der nach der ihm geraubten anderen Hälfte greift. Ein Mensch, der weder nur »weiblich« noch nur »männlich« ist, sondern vollständig. Ich bin überzeugt, dass dies letztendlich für beide Geschlechter eine große Erleichterung wäre.

Vor über einem halben Jahrhundert schrieb Simone de Beauvoir in ihrem noch immer unübertroffen kühnen und visionären Schlusskapitel vom »Anderen Geschlecht« die bitterwahren Worte: »Die Frau verfolgt einen Traum der Selbstaufgabe und der Mann einen Traum der Entfremdung.« Doch, fuhr sie fort: »Die Unauthentizität zahlt sich nicht aus; jeder verübelt dem anderen das Unglück, das er sich zugezogen hat, indem er der Versuchung des bequemsten Weges nachgab. Was einer am anderen hasst, ist das offensichtliche Scheitern der eigenen Unaufrichtigkeit und der eigenen Feigheit.«

Genauer lässt es sich nicht sagen. Das ist es, was Männer und Frauen sich gegenseitig verübeln: dass sie der Versuchung des bequemsten Weges nachgegeben haben. Und dann sitzen sie in der Falle. In einer Falle namens »Frauenleben« beziehungsweise »Männerleben«.

Doch bricht dieses System der Unaufrichtigkeit zusammen, sobald Frauen nicht länger ökonomisch und sozial abhängig sind von Männern – und Männer nicht mehr emotional abhängig von Frauen. »Zwischen ihr und dem Universum bedarf es dann keines Vermittlers mehr«, schreibt Beauvoir. Zu ergänzen wäre: Zwischen ihm und dem Leben bedarf es dann keiner Vermittler*in* mehr.

Erst dann übrigens könnten wir wirklich von »Liebe« reden; von Liebe auch zwischen Frauen und Männern. Denn wo Abhängigkeit herrscht, kann keine Liebe sein, die kann es nur in Eigenständigkeit und Freiheit geben; jenseits von Besitzerstolz oder Versorgungskalkül, jenseits von gegenseitiger Funktionalisierung.

Auf dem Wege dahin haben Frauen und Männer in den letzten Jahrzehnten eine gewaltige Strecke zurückgelegt, trotz mancher Rückfälle. Doch gerade die diversen Backlash-Wellen sind in Wahrheit nur ein Beweis für das Ausmaß des Fortschrittes. Die Geschlechter dürfen und müssen sich neu sortieren – das verunsichert. Am deutlichsten spiegelt sich das in dem empfindsamsten Bereich, in dem Frauen und Männer sich begegnen und der so lange das zentrale Macht- und Gewaltinstrument war: in der Sexualität.

Als ich vor über 30 Jahren den »Kleinen Unterschied« schrieb, bezeichnete ich die Sexualität als den »Angelpunkt der Frauenfrage«: »Sexualität ist zugleich Spiegel und Instrument der Unterdrückung der Frauen in allen Lebensbereichen«, schrieb ich damals.

Und ausgerechnet in diesem Bereich scheint sich vieles geändert zu haben. Sexualtherapeuten und -forscher sprechen seit etlichen Jahren von einer neuen »Verunsicherung der Männer«, und selbstbewusste Frauen klagen über sexuelle Verweigerung – diesmal allerdings nicht der Frauen, sondern der Männer. Was selbstverständlich keine Lösung auf Dauer sein kann, jedoch eine folgerichtige Reaktion in Zeiten des Umbruchs ist: Die Männer fragen sich, wer sie heute sind. Schließlich war gerade die Sexualität über Jahrtausende das Terrain, auf dem sie das Sagen hatten – und jetzt sollen sie plötzlich kommunizieren.

Doch so mancher Mann hat schon damit begonnen, auch wenn es nicht immer leichtfällt. SexualforscherInnen konstatieren eine »herrschaftsfreiere« Sexualität auch zwischen den Geschlechtern; sie reden von einer »Konsensmoral«, einem kommunikativeren, friedlicheren sexuellen Umgang zwischen Männern und Frauen. Steuern wir also endlich auf eine Erotik zu, die ihren Reiz nicht länger aus dem Unterschied und der Fremdheit, sondern aus der Gleichheit und dem Verstehen zieht?

Als EMMA im Herbst 2006 das Allensbach-Institut fragen ließ, in welchen Bereichen die Gleichberechtigung noch nicht verwirklicht sei, da antworteten nur 20 Prozent der Frauen den Meinungsforschern: in der Sexualität. Damit landete die Sexualität ganz unten auf dem Zehn-Punkte-Katalog, der angeführt wird von zu wenig Geld im Beruf und zu faulen Männern im Haus. Ich wette, hätten wir diese Frage vor 30 Jahren gestellt, die Sexualität wäre unter den ersten drei Problemen gelandet.

Erleben wir also gerade eine Phase der Abrüstung auf dem bisherigen Hauptkriegsschauplatz der Geschlechter? Ja und nein zugleich. Nirgendwo ist der Fortschritt so groß – und der Rückschlag so brutal wie in der Sexualität. Individuell scheint es eine Tendenz zur Befreiung und Annäherung zu geben –

gesamtgesellschaftlich jedoch wird diese Tendenz behindert von einem verschärften Konfrontationskurs.

So degradiert die allgegenwärtige Pornografisierung der Kultur die Frauen härter zum Objekt denn je zuvor; macht die zunehmende Gesellschaftsfähigkeit der Prostitution Frauen verschärft zum käuflichen Geschlecht; und lässt die Mode den Frauen zwar die Wahl wie nie – versucht jedoch gleichzeitig, sie im Namen des »Sexyseins« zu einem Outfit zu verführen, das keineswegs ihre Persönlichkeit unterstreicht, sondern sie eher verniedlicht beziehungsweise entblößt. Und so manche Frau spielt selber kräftig dabei mit.

Warum? Glauben Frauen, in der Mädchenmode (bei der erwachsenen Frauen die Teenagergrößen 36 oder 38 zugemutet werden) harmloser zu erscheinen, als sie es in Wahrheit sind? Wollen sie die Männer über ihre wahre Power täuschen, indem sie das kleine Mädchen spielen? Glauben Frauen, sich mit der angesagten Nuttenmode – die heute in Kaufhäusern und Wäschegeschäften offerierten Dessous und Accessoires gab es bisher nur in Rotlichtshops zu kaufen – im Bett für ihre Emanzipation in der Welt entschuldigen zu können? Begreifen sie denn gar nicht, dass ein Mann noch nicht einmal bis zum Mülleimer gehen würde in solchen Schuhen, mit denen manche Frauen Tag für Tag ihre Füße verkrüppeln und in denen sie kaum gehen, geschweige denn große Schritte machen können?

Ich weiß, ich weiß. Wer das sagt, gilt als Spielverderberin. Aber ich kann damit leben. Mehr noch: Ich vermiese meinen Schwestern nur zu gerne diese Spielchen, die ich ihrer für unwürdig halte. Denn die Zeit der Spielchen ist vorbei. Es wird ernst. Wir stehen am Scheideweg und müssen uns entscheiden: Trippeln wir jetzt zurück – oder schreiten wir weiter voran?

Die Männer haben sich entschieden. Jeder Dritte steht an unserer Seite. Das ist doch schon mal was. Ein weiteres Drittel zögert. Und das restliche Drittel stellt sich uns in den Weg. Hören wir auf, mit diesen Gegnern zu kokettieren. Nehmen wir sie und uns endlich ernst. Für die Sympathisanten der Emanzipation muss sich dieser nicht immer bequeme Weg an unserer Seite schließlich auch lohnen; egal, ob sie unsere Freunde, Geliebte oder Söhne sind. Die Gegner der Emanzipation aber müssen endlich den Preis für ihr frauenverachtendes Verhalten zahlen – statt auch noch darin bestätigt zu werden.

»Ich liebe Männer!« Dieser Satz ist mir immer wieder mal trotzig oder gar triumphierend entgegengeschleudert worden, seit ich Feministin bin. Ich gebe zu: Ich finde ihn besonders kläglich. Als sei das Mannsein eine Qualität an sich – und es nicht auch für viele Männer eine Erleichterung, wenn die Machos endlich in die Wüste geschickt werden. Und als sei es nicht eine totale Bankrotterklärung von einer Frau, wenn sie um jeden Preis von jedem Mann geliebt werden will.

In Wahrheit hat das nichts mit der Liebe zu Männern und alles mit der Verachtung der Frauen zu tun. Die Idealisierung der Männer ist nichts als die andere Seite der Medaille – der Selbstverachtung der Frauen. Würden Frauen sich selber endlich ernst nehmen, würden sie vieles, sehr vieles, nicht eine Sekunde länger hinnehmen. Frauen engagieren sich gerne für die Erniedrigten und Entrechteten der Welt. Was sehr sympathisch ist. Es wäre nicht schlecht, sie würden die gleiche Empfindsamkeit und das gleiche Engagement auch für ihr eigenes Geschlecht aufbringen.

Schluss mit den Rivalitäten, Schwestern! Mehr Stolz, ihr Frauen!, wie schon die kluge, schöne, unerschrockene Hedwig Dohm vor über hundert Jahren gefordert hat. Schluss mit der

(Selbst-)Verachtung und her mit dem Respekt auch für andere Frauen! Und vor allem: Traut euch, Frauen, euch auch mal unbeliebt zu machen, wenn es denn sein muss. Lächelt nicht dümmlich nach jedem klugen Satz. Und lebt euren Töchtern und Söhnen ein stolzes Frauenleben vor. Denn Erziehung, das ist weniger das, was man sagt, sondern vor allem das, was man vorlebt.

Auf dem Weg in die Freiheit müssen wir Frauen lernen, Verantwortung zu übernehmen, auch für uns selbst. Dafür brauchen wir Selbsterkenntnis und Mut. Und Solidarität. Die haben Männer ja auch – unabhängig von Sympathien und Differenzen. Den Männerbünden sollten Frauen endlich ihre Frauenbünde entgegensetzen. Generösen Herzens.

Es ist, erfreulicherweise, neuerdings immer öfter von einem »neuen Feminismus« die Rede, der nottäte. Nun, ob der Feminismus – die Idee von den uneingeschränkt gleichen Chancen sowie Rechten und Pflichten für Frauen und Männer – alle paar Jahre neu erfunden werden muss, wage ich zu bezweifeln. Denn das würde ja bedeuten, dass wir Frauen immer wieder bei null anfangen müssen. Und genau diese (scheinbare) Geschichtslosigkeit war ja bisher unser Problem.

Als meine Generation Anfang der 70er-Jahre aufbrach, da haben natürlich auch wir gedacht: Wir sind die Ersten! Und wir haben heimlich diese komischen ältlichen Fräuleins verachtet, die da irgendwann irgendwie mal als Frauenrechtlerinnen aktiv gewesen waren. Der erste neufeministische Text, den ich 1970 in Paris las, war von sechs Frauen unterschrieben und hatte den stolzen Titel: »L'an zéro!« Das Jahr null. Und genau so fühlten wir uns.

Sicher, wir hatten mit großem Gewinn »Das andere Geschlecht« von Simone de Beauvoir gelesen. Und auch den »Weiblichkeitswahn« von Betty Friedan. Aber eigentlich waren wir die Ersten! Wir waren die ersten Frauen, die dieser ignoranten Welt endlich unmissverständlich sagen würden, wo's langgeht. Wir Feministinnen in Paris taten das dann auch: sehr übermütig, sehr kreativ und mit starker Resonanz.

Es sollte noch ein paar Jahre dauern, bis wir unsere Vorläuferinnen entdeckten. Suffragetten wie Emmeline Pankhurst – aber wieso war die gar nicht alt und bucklig, sondern strahlend schön und todesmutig? Oder Frauenrechtlerinnen wie Hedwig Dohm – wie eigenartig, obwohl sie zu Lebzeiten richtig berühmt gewesen war, hatten wir ihren Namen noch nie gehört. Oder die erste deutsche Juristin, Anita Augspurg – das konnte doch wohl nicht wahr sein, die hatte den von mir 1977 geprägten Begriff der »Männerjustiz« doch tatsächlich schon 70 Jahre vorher erfunden.

Meine anfängliche Freude über die Entdeckung meiner Vorläuferinnen wich einer steigenden Beklemmung. Es war also möglich, dass Frauen Welterschütterndes dachten, schrieben, taten – und sie dennoch nach nur ein, zwei Generationen völlig vergessen waren. Und selbstverständlich auch das, was sie gedacht und getan hatten: im Keller verschimmelt, in den Bibliotheken vergriffen, von Rechten verbrannt. Wir, die Töchter und Enkelinnen dieser Pionierinnen, hatten darum wieder von vorne anfangen müssen, statt uns auf die Schultern unserer Vorgängerinnen stellen zu können – und weiterzublicken.

Das darf nicht noch einmal passieren! Ja, alles klar, Schwestern, ihr müsst eure eigenen Erfahrungen machen, aber: Bitte fangt nicht schon wieder von vorne an. Ihr müsst das Rad nicht noch mal erfinden – wir sitzen nämlich schon in der Rakete zu den Sternen. Schämt euch eurer Vorgängerinnen nicht, sondern seid stolz auf sie. Denn das ist wohl das Mindeste für eine aufgeklärte, kluge Frau im 21. Jahrhundert – dass sie laut und vernehmlich verkündet: Ich bin stolz, eine Feministin zu sein.

13 Namensregister und Literaturtipps

L

M

S

Recherchen zu vergriffenen Büchern oder Zeitschriften (wie EMMA) beim
FrauenMediaTurm: www.frauenmediaturm.de

Alice Schwarzer. Romy Schneider. Mythos und Leben. KiWi 1074

Alice Schwarzer. Marion Dönhoff. Ein widerständiges Leben. KiWi 1075

Nicht zufällig hat Alice Schwarzer 1976 Romy Schneider für die erste Ausgabe der »Emma« porträtiert. Beiden war nicht nur die Liebe zu Frankreich gemeinsam, sondern auch die Rebellion gegen die Frauenrolle. Diese Verbundenheit legte den Grundstein für eine besondere Biografie – keine ist Rosemarie Albach-Retty alias Romy Schneider jemals so nahe gekommen wie diese.

Marion Dönhoff über Alice Schwarzer: »Niemand hat mich so treffend beschrieben wie sie.«

»Das Buch über einen Menschen mit starker Ausstrahlung ist mit Sympathie geschrieben, mit Achtung, mit Respekt, vielleicht sogar mit Verehrung. Das alles bündelt sich zur vergnüglichen Lektüre.«

Frankfurter Rundschau

www.kiwi-verlag.de